AF391465

A Mr Léopold Delisle
hommage respectueux
et reconnaissant,
E. le ...

ALBERT LEMARCHAND

BIBLIOTHÉCAIRE

DE LA VILLE D'ANGERS

EUSÈBE PAVIE

ALBERT LEMARCHAND

BIBLIOTHÉCAIRE

DE LA VILLE D'ANGERS

Extrait des Mémoires de la Société nationale d'Agriculture,
Sciences et Arts d'Angers.

ANGERS

IMPRIMERIE LACHÈSE ET DOLBEAU

4, rue Chaussée Saint-Pierre, 4

1890

ALBERT LEMARCHAND [1]

C'est pour moi une tâche périlleuse aujourd'hui d'aborder le panégyrique d'Albert Lemarchand; d'un des hommes qui, durant notre siècle, ont le plus honoré l'Anjou par la vigueur et l'étendue de son esprit en même temps que par la multiplicité de ses aptitudes. En mesurant le cours d'une vie intellectuelle, abrégée d'ailleurs par ses prodigalités sans bornes, il me semble encore voir Albert Lemarchand à la fois organiser une grande bibliothèque et fonder plus d'une publication littéraire, féconder de son souffle autour de lui tous les travaux, et dans les labeurs du professorat enchaîner à ses lèvres toute une génération de jeunes filles. Il nous apparaît toujours menant de front l'opiniâtreté des dépouillements les plus ardus avec l'abandon et l'éclat des causeries de salon. Il suffit au jour et à la nuit, à l'érudition et à la controverse, aux incunables et aux journaux. Il passe d'une supputation astronomique à une tournée de botaniste.

[1] Cette Notice a été lue à la Société d'agriculture, sciences et arts d'Angers, aux séances des 26 novembre et 17 décembre 1889 ; 14 janvier, 17 février et 11 mars 1890,

Et jamais, dans les profusions en tous sens de cet homme universel et universellement répandu, ne tarissent en lui les plus intimes épanchements de l'amitié. L'amitié, et une amitié héréditaire, qui me fournit une excuse en m'imposant un devoir ! L'amitié, et j'ose dire une filiale reconnaissance ! Au moins tels sont, Messieurs, les titres par où je me hâte de me recommander à votre indulgence dès le début de ma téméraire entreprise.

I

Albert Lemarchand naquit au Mans le 7 août 1819. Son père, fondateur d'un pensionnat de français, ayant vite remarqué, dès le début de l'éducation première, ses précoces dispositions pour l'étude, le mit aux mains d'un professeur de ses amis qui, en lui enseignant les rudiments du latin et des mathématiques, à son tour distingua les aptitudes positives de cet enfant d'avenir, au point de lui suggérer l'idée d'une préparation à l'École polytechnique. Le jeune Albert embrassait déjà cette carrière, quand le décès imprévu de son père, survenu en 1835, laissa sans ressources sa mère, chargée d'une nombreuse famille. Aussitôt notre adolescent dut renoncer à la poursuite désormais trop onéreuse du brillant avenir un instant entrevu. Il dut aussi, après un stérile voyage à Saint-Domingue, renoncer à des velléités de vocation maritime, pour se vouer sans réserve à la subsistance et à l'éducation des siens, avec les humbles émoluments de la situation, bientôt obtenue à Angers, de conducteur des ponts-et-chaussées. Le voilà donc vaquant le jour à son travail officiel, où un riche fond d'énergie, de sérénité et de tendresse le soutenait dans l'accomplissement de ses devoirs de famille en une voie sans débouchés ; car l'Ecole polytechnique seule eût pu l'acheminer au grade d'ingénieur. Mais aux heures de solitude nocturne, avec les éléments de latin inculqués parallèlement aux premières notions de mathématiques, et aussi grâce à ce qu'avait développé de goût en lui, dans la traversée de Saint-Domingue, la rencontre d'un lettré d'élite appelé La Roche-d'Eglan, mais surtout avec cette puissance des esprits supérieurs qui au besoin se forment par eux-mêmes, Lemarchand s'initiait vite en tous sens à l'histoire, à la bibliographie, à la littérature [1]. Ainsi s'improvisait cette érudition encyclopédique qui, peu d'années après, lui valut, le 23 septembre 1848, et partant dans sa trentième année, la promotion au poste de bibliothécaire-adjoint à la bibliothèque municipale d'Angers.

L'on était alors en plein sous le régime d'aventures inauguré par la Révolution de 1848. Mais depuis longtemps déjà Lemarchand, en digne néophyte du captivant abbé Jules Morel, avec qui les

---

[1] Nous devons ces renseignements préliminaires à l'obligeance des deux sœurs du défunt, Mmes Ménard et Touet, et aussi à son ancien collègue des ponts et chaussées, M. Giffard. Voir aussi Revue d'Anjou, t. 1 (1857), *Journal d'un voyage au Cap haïtien* (1838-1839), pp. 29-35.

hasards de la cohabitation et une pieuse entremise [1]
l'avaient lié de la plus déférente amitié, et qui se
flatte à bon droit de sa conversion religieuse opérée
par lui dès 1846 [2]; Lemarchand, dis-je, à sa suite,
s'était vite enrôlé dans cette phalange de catholiques opposant leur intransigeance d'orthodoxie
aux écarts de l'émancipation sociale. Et bref, tout
en postulant le grade de bibliothécaire-adjoint,
notre jeune conducteur des ponts-et-chaussées figurait chez nous comme un des plus vaillants cham-
pions de l'ultramontanisme. Aussi quand ses démarches eurent heureusement abouti à cette date
orageuse de 1848, on se demanda lequel avait
déployé plus de courage, ou de Lemarchand en
affirmant son catholicisme en face de la municipalité
exaltée d'où dépendait son avenir, ou du maire, le
libéral M. Camille de la Tousche, en adoptant, puis
en soutenant en plein conseil, il est vrai avec l'appui
du ministre Freslon et du député de Falloux, une
candidature à ses yeux si réactionnaire.

Ce poste de bibliothécaire-adjoint, créé justement
à cette occasion-là même [3], offrait un large champ
d'activité à son nouveau titulaire, non seulement à
raison de l'âge avancé du bibliothécaire en chef

[1] Lemarchand occupait alors à titre de locataire, dans la
rue de la Roë, une partie de la maison possédée patrimonia-
lement, et à ce moment-là même encore habitée par l'abbé
Morel. C'est là que les deux amis pour la première fois se
rencontrèrent. La pieuse entremise fut celle d'une demoiselle
Reveillère, de Cholet.

[2] Renseignements de M. l'abbé Jules Morel.

[3] Registre des délibérations municipales. — Renseignements de MM. l'abbé Picherit, Léon Cosnier et Giffard.

M. Adville, mais surtout en envisageant l'étendue d'un des premiers arsenaux d'érudition que possèdent nos villes de province.

C'est dans les dernières années du xviii° siècle, au début et à l'occasion de la grande révolution, que s'était formé le premier noyau de nos richesses bibliographiques. Dès la promulgation de la loi du 17 septembre 1791, édictant la suppression des ordres monastiques, l'administration du district de Maine-et-Loire avait concentré dans un dépôt communal, sous la direction des ex-bénédictins dom Braux et dom Locatelli, tous les livres et manuscrits recueillis dans les grandes abbayes angevines, et notamment dans celles de Saint-Aubin, de Saint-Serge, de Saint-Nicolas et de la Baumette. A ce fond primitif bientôt s'adjoignit l'ample contingent fourni par les acquisitions de dom Braux, qui même sous le Directoire, et grâce à l'intermédiaire de La Révellière-Lépaux, préleva dans les bibliothèques de Paris tous les doubles d'ouvrages manquant à Angers.

Mais le plus vaste affluent de notre bibliothèque municipale est sans contredit celui fourni par l'érudit génovéfain Toussaint Grille. Entré d'abord comme novice dans notre abbaye Toussaint, il avait passé de là tour à tour, avec les fonctions puis le titre de bibliothécaire, aux riches abbayes d'Eu et de Ham, quand la loi du 17 septembre 1791 à son tour le rejeta dans la vie civile. Peu de jours après notre génovéfain sécularisé rentrait à Angers sous le toit paternel, avec trois caisses regorgeant du lot à lui dévolu par sa communauté dissoute, en la répartition liquidatrice du trésor littéraire si long-temps et si heureusement confié à sa garde.

Tel fut l'embryon de cette collection gigantesque que l'ex-bibliothécaire de l'abbaye de Ham, trans-formé en antiquaire émérite, avant même de succé-der à dom Braux dans l'administration officielle de notre grand dépôt communal, édifia avec autant de savoir que de minutie; une collection durant soixante ans religieusement ouverte à toutes les épaves artistiques et bibliographiques de l'Anjou. Car là avaient convolé autour des débris archéolo-giques de nos églises et de nos abbayes, tous les armoriaux, chartes et obituaires de notre province. Là figuraient les cartulaires et les chroniques de Saint-Aubin, du Ronceray et de l'abbaye aux Bons-Hommes; les annales et les mémoires de dom Huynes, de Guillaume Oudin, de Jehan Louvet, de Guy Arthaud et de Barthélemy Roger, des deux Rangeard, de Joseph Grandet et de Bruneau de Tartifume, de Pierre Ayrault, de Claude Ménard et de Pocquet de Livonnière; les compilations et les registres d'Audouys, de Thorode et de Brossier. Aussi lorsqu'au décès de Toussaint Grille, disparu en 1851 sans testament, la minorité d'un de ses nombreux héritiers eut nécessité l'adjudication aux enchères publiques de sa vaste bibliothèque, notre municipalité, en vue de l'enrichissement de son propre dépôt et sur la proposition de son maire M. Duboys, n'hésita pas à y intervenir jusqu'à con-currence de 10.000 francs; et ce fut Albert Lemar-chand, qui s'était déjà fait fort apprécier dans son service de bibliothécaire-adjoint, qu'elle investit du

mandat de l'y représenter, avec l'assistance de
M. Marchegay, archiviste de la préfecture.

L'adjudication du cabinet Grille ! Certes, de mémoire de bouquiniste et d'archéologue, il ne s'est
pas produit depuis un siècle un plus grave événement, ni qui eut un plus lointain retentissement, eu égard à la renommée du défunt collec-
tionneur et à l'opulence de ses galeries. Aussi, et
pour nous en tenir à la bibliothèque de Toussaint
Grille, qui figura dans la vente pour plus de
40,000 francs, et durant une adjudication d'un mois
qui, au Palais des Marchands, s'échelonna en vingt
vacations, du 28 avril au 26 mai 1851, on se figure
l'acharnement déterminé par l'affluence du bibliophile Techener, du libraire Boon de Londres, et
des mandataires des bibliothèques de Nantes, de
Rouen, du Mans, d'Orléans et de Bayeux. Mais le
vigilant mandataire de la bibliothèque d'Angers
était de taille à soutenir la lutte. Malheureusement
ses pouvoirs étaient limités ; aussi se dut-il
résigner à voir bien des richesses locales passer
en des mains étrangères[1]. Peu s'en fallut même

---

[1] Tels sont surtout les *Comptes de feu maistre Macé Dasne,
maistre des œuvres mons. le duc Louis I d'Anjou] en ses pais
d'Anjou et du Maine, de toutes les receptes mises et despenses
faictes par ledit feu maistre Macé, pour causes desdites
œuvres,* etc. Ce manuscrit, acquis par M. Boon, figure main-
tenant au British-Muséum, ad. ms. 21201. La Bibliothèque
d'Angers n'en possède que quelques extraits, copiés par le
feudiste Audouys (Catalogue des mss., n° 220). — Heureusement nous nous pouvons consoler en partie de l'exil de ces
précieux registres, en les voyant aujourd'hui si soigneuse-
ment analysés dans la Revue de l'Anjou (1889, mai-juin et
suiv.).

qu'un de nos plus chers manuscrits ne nous
échappât. Du moins le libraire anglais Boon avait
déjà mis 810 francs sur la formidable collection
en dix-huit in-folios du feudiste Audouys, et Lemarchand, réduit au silence par la poignante nécessité de réserver ses latitudes en vue des lots
subséquents, gémissait en se voyant ravir ce morceau capital que caressait des yeux son antagoniste,
quand l'aimable et distingué marquis de Coislin
s'écria : « 825 francs ! — 850 ! » répliqua Boon. —
« 875. — 880. — 900. » Ici un solennel silence.
Puis sur cette définitive surenchère le marteau
retombe, et le commissaire-priseur de s'écrier [1] : « A
M. de Coislin ! — A la Ville ! » à son tour articula
le chevaleresque adjudicataire en se retournant vers
Lemarchand (car il n'était intervenu au débat que
comme pour mieux couvrir sa retraite) ; et, aux
applaudissements universels, il l'investit d'un lot si
prestement enlevé à la rapacité britannique. Pendant que notre bibliothécaire-adjoint, tout ému,
se confondait en remerciements, un tel exemple de
patriotique courtoisie désarmait de proche en proche
les plus âpres concurrences. Aussi, grâce à la fois
au zèle de notre mandataire et à l'abnégation de ses
rivaux, on vit échapper à la dispersion dont le me-
naçait le feu des enchères, le plus précieux contingent de notre bibliothèque municipale, qui désormais, une fois nantie de toute la fleur du cabinet
Girille, en fait de manuscrits ne le céda plus qu'aux

[1] Le commissaire-priseur qui instrumentait à l'adjudication
était mon parent M. Auguste Marie.

bibliothèques de Rouen, de Reims, de Troyes et de Montpellier[1].

A coup sûr c'est bien à celui qui avait, au champ de bataille du Palais des Marchands si victorieusement opéré le sauvetage de nos épaves bibliographiques à procéder à l'inventaire de l'arsenal d'érudition qu'il leur avait ouvert comme refuge, en l'enrichissant de toute la largeur même de cette hospitalité. Un service aussi signalé désignait Albert Lemarchand à la composition du catalogue de notre bibliothèque municipale. Non qu'à cet égard il n'y ait eu avant lui de sérieux essais de classification. Tout en accroissant quotidiennement sa galerie, l'infatigable Toussaint Grille, jusqu'à son dernier soupir.

[1] *M. Toussaint Grille, bibliothécaire honoraire de la ville d'Angers,* par M. Léon Cosnier (extrait du Bulletin de la Société Industrielle, p. 7 et *passim* . — Nouvelles archéologiques et diverses, n° 22 : *Notice nécrologique sur Toussaint Grille,* par M Godard-Faultrier, pp. 2-3, 5 et 6. — *Notice sur la vente des collections de feu M. Grille, bibliothécaire honoraire de la Ville,* par M. Léon Cosnier (Bulletin de la Société industrielle d'Angers, 22e année (1851), pp. 290-291, et renseignements oraux de l'auteur. — *Catalogue des manuscrits de la Bibliothèque d'Angers,* par Albert Lemarchand (Angers, 1863). Avertissement et p. 381, sous le n° 1005. — Bulletin monumental, 1re année (1852), n° 11, p. 174, et 4e année (1857), pp. 171-172. — *Etablissements scientifiques et industriels d'Angers,* par M. de Beauregard (Mémoires de la Société d'agriculture, sciences et arts, 1856), 2e série, 7e vol. 1854, pp. 132-134, 140. — *Catalogue des manuscrits de la Bibliothèque d'Angers, par M. Albert Lemarchand,* par Victor Pavie (Extrait des Mémoires de la Société d'agriculture, sciences et arts, p. 18). — *Bibliothèque de l'Ecole des Chartes,* 5e année, 5e série (1854), pp. 61-62. — Dictionnaire historique de Maine-et-Loire, de M. C. Port, art. *Grille* (Toussaint).

en avait sans relâche compulsé chaque pièce, en
l'étiquetant d'une mention de provenance, d'état et
de date, avant de l'intercaler dans l'ordre alphabé-
tique et chronologique le plus rigoureux. Reportant
ces instincts de stricte méthode à la bibliothèque
municipale, lorsqu'en 1797 il y fut officiellement
promu au remplacement de dom Braux, Toussaint
Grille y détermina l'âge et le titre des principaux
volumes, pour en dresser, d'après la classification
de Bure, une liste embryonnaire imprimée en 1839
sous le titre de *Petit itinéraire de la bibliothèque d'Angers*. Malheureusement, chez l'octogénaire génovéfain des scrupules innés d'érudition dégénérés avec
l'âge en pusillanimité et en méfiance, et avec cela
d'incorrigibles illusions de longévité, l'avaient peu
à peu resserré dans ses communications. Jusqu'à
son dernier soupir même s'ajourna chez ce soup-
çonneux temporisateur l'heure de consigner sur ses
cartons [1] le dernier mot, suspendu à ses lèvres, de
maints problèmes bibliographiques. Aussi toute la
science bénédictine accumulée chez Toussaint Grille
au fur et à mesure de ses thésaurisations demi-sécu-
laires, semble se dérober sous sa plume tremblante
en un laconisme de sphinx et de sibylle. Il est vrai
qu'après lui son neveu et son successeur François
Grille réagit sur la parcimonie des consultations
avunculaires à force d'initiative, de hardiesse et

---

[1] Nous parlons surtout ici de ses cartons de biographie qui
ont fourni à M. C. Port l'inspiration et lui ont même frayé
le chemin de son Dictionnaire historique de Maine-et-
Loire.

d'exubérance ; et de là, à travers les étincelantes
prodigalités de sa verve et jusque dans les efferves-
cences politiques de son libéralisme, l'improvisation[1], en 1843, d'un nouveau catalogue de sept
cents manuscrits. Mais, à l'envisager en sa qualité
transitoire d'administrateur de notre bibliothèque
municipale, les titres d'honneur de François Grille
gisent bien plus dans la création de son élégante
salle de travail et dans les opimes gratifications de
manuscrits qui marquèrent son passage aux bureaux
du Ministère des Beaux-Arts, que dans un récolement où s'enregistraient au hasard les plus aventu-
reuses hypothèses.

C'est en naviguant ainsi tour à tour entre les
abimes creusés par la réticence et les écueils érigés
par la témérité de ses devanciers, qu'Albert Lemarchand avait à se frayer sa route, il est vrai en
s'éclairant des notes de M. Adville et des registres
courants de la bibliothèque[2], vers la réalisation de
l'œuvre définitive si résolument abordée par lui dès
le lendemain de l'acquisition partielle du cabinet
Grille.

A commencer par l'inventaire des manuscrits, il
avait devant lui une masse de volumes ou de liasses
élevés au chiffre d'un millier par l'adjudication
Grille, les dons ministériels et les legs du docteur

---

[1] Avec la collaboration de son oncle.

[2] M. Lemarchand dut aussi recourir à l'excellent *Catalogue
des collections de feu M. Toussaint Grille*, publié (1851, Cosnier et Lachèse), par M. Marie, commissaire-priseur, en vue
de l'adjudication du 28 avril 1859.

Guépin. Il s'appuyait des précédents créés par les bibliothécaires de Lyon, de Metz, de Laon, de Chartres et de Montpellier. Lui-même, à l'école de l'éminent archiviste Marchegay, s'était rapidement initié à la paléographie. Mais surtout Lemarchand avait à consacrer à ses dépouillements un rare ensemble de facultés développées dans les anciennes veillées nocturnes, où il se complaisait toujours, sous le bénéfice d'une santé longtemps robuste. Assez jeune pour entreprendre et assez mûr pour exécuter, il joignait à la curiosité des sources une mémoire aussi sûre que vive, une intelligence aussi musculeuse que déliée. Il y avait chez lui autant de synthèse que d'analyse, autant de prudence et d'opiniâtreté que d'ardeur, autant de goût que d'initiative, autant de flair que de calcul, autant de divination que de méthode.

Certes, et à part même ces problèmes hiéroglyphiques que la paléologie seule peut résoudre, il ne fallait pas à Lemarchand moins de tant d'aptitudes réunies pour surmonter toutes les épreuves de sa tâche, dont une des principales fut de distinguer les brusques intercalations accumulées de siècle en siècle entre l'*incipit* et l'*explicit* du même volume. Mais la sagacité de Lemarchand s'exerça surtout dans le déchiffrement des gardes et des couvertures. C'est qu'en effet il peut surgir de leur texte bien des révélations sur les destinées de l'abbaye dont elles abritent le psautier ou le missel après en avoir enregistré les éphémérides. A mesure qu'on en épelle les caractères, on y ressuscite toute une vie monastique. Ici c'est la cloche qui sonne le trépas d'un abbé. Là, c'est l'entrée d'un roi dans le grand cloître. Plus loin, c'est la mention de l'illustre donateur du codex. Ailleurs, ce sont les doléances abbatiales contre un chapitre, ou les transes d'un assaut livré par l'ennemi à la ville voisine. Même au cas d'une disparité absolue dans les juxtapositions de la reliure, que de contrastes éloquents s'éveillent à la pensée des Commentaires de César servant d'enveloppe à l'Évangile, ou d'une diatribe du xiv° siècle contre les ordres mendiants consignée sur un verso des Commentaires de la Bible !

Tant d'imprévu dans les rapprochements ou tant d'intimité dans les épisodes à décéler, attachaient d'autant plus notre bibliothécaire à ses in-folios, en dépit ou plutôt à raison même de leurs ténèbres, et aussi de leurs lacunes. Car jusqu'ici nous avons supposé Lemarchand aux prises avec des feuillets résistant à la manipulation matérielle la plus convulsive, ou lui offrant au moins sur un parchemin fragile un texte intégral. Mais comme le labeur se complique, si l'on songe aux irrémédiables avaries infligées à nos manuscrits, depuis la loi centralisatrice de 1791, en la multiplicité de leurs migrations provisoires d'asile en asile, et surtout (car ce fut là chez nous leur dernière étape avant l'ouverture de notre salle de travail actuelle) en leur entassement confus et par piles gisant à terre dans les humides greniers du Logis-Barrault ! Que de textes entamés là par la moisissure et la vermine ! Voyez, par exemple, ces *Rouleaux funèbres* par où s'échangeaient entre couvents du même ordre les prières pour les défunts. Aujourd'hui c'en serait à désespérer d'y retrouver les noms consacrés par les *De Profundis* monastiques, si Lemarchand ne s'était ingénié à les recomposer avec la poussière des lettres, et en les palpant sur le vélin aussi religieusement qu'il eût fait leur cendre mortuaire [1].

La reconstitution d'une syllabe, d'un mot ou d'une ligne à travers les piqûres d'un feuillet n'exerce après tout que les facultés normales d'un bibliothécaire, surtout quand ce bibliothécaire est Albert Lemarchand. Mais tout le génie bénédictin ne peut suppléer à la disparition d'un volume. Aussi quand dès son entrée au Logis-Barrault, notre ami dut y opérer avec M. Adville le transfert des manuscrits des combles à la salle actuelle, qu'on juge de leur stupeur en constatant que deux cents manuscrits visés dans les récolements préliminaires des devanciers manquaient à l'appel ! Nul doute, aux yeux de Lemarchand, qu'une notable partie du trésor confié à sa garde, et qu'au Palais des Marchands il avait à si grand'peine soustrait à la dilapidation des enchères, n'eût sombré pour ainsi dire dans la précipitation des déménagements antérieurs. Aussi nos deux collègues s'inclinaient déjà devant cette navrante perspective, quand, au premier coup de marteau frappé devant eux par le maçon dans un pan de mur séculaire, reparurent les deux cents manuscrits. C'est que, dans les travaux nécessités

---

[1] Lemarchand tenait d'autant plus à la conservation de ses Rouleaux des Morts qu'ils avaient de bonne heure fait l'objet d'une étude spéciale dans la Bibliothèque de l'École des Chartes, t. III, 2ᵉ série, p. 261 : *Des monuments paléographiques concernant l'usage de prier pour les morts.*

par le remaniement des greniers évacués, on avait muré provisoirement l'intervalle occupé par les piles d'in-folios non encore déménagés, sauf à démolir ultérieurement du côté opposé la vieille cloison de refend condamnée par la distribution nouvelle.

C'est après tant de péripéties s'ajoutant aux labeurs préparatoires d'un dépouillement universel poursuivi de page en page, qu'après plusieurs années Lemarchand put enfin rédiger son Catalogue. Il l'avait conçu d'après un plan original, en ayant toujours sous les yeux le *Catalogue général des manuscrits des bibliothèques des départements* publié sous les auspices du ministre de l'instruction publique; et sans qu'il eût omis de consulter la *Diplomatique*, de Mabillon ; la *Nova bibliotheca bibliothecarum*, de Montfaucon ; les *Catalogi librorum*, de Hœnel ; les *Manuscrits français de la Bibliothèque du roi*, de Paulin Pâris, et le *Manuel du libraire*, de Brunet.

La rédaction d'un catalogue ! On n'en peut apprécier le mérite qu'en envisageant que chaque conception a sa forme propre, et que du catalogue à l'épopée, l'écrivain se trahit dans le tact du sujet et la mesure du style. Ici, par exemple, que de science dissimulée et que d'enseignements condensés dans la sobriété des désignations ! Comme l'intérêt local s'y subordonne aux problèmes généraux de la science ! Et dans les ellipses d'une phraséologie aussi cursive que substantielle, comme chaque codex, au double point de vue du texte et de l'ornementation, apparaît dans son individualité !

Ouvrons plutôt le Catalogue, afin d'en mieux apprécier la forme et l'économie. Au point de vue du classement général et au dire des bénédictins. Lemarchand a inauguré la lumineuse méthode, inusitée même dans le grand catalogue des bibliothèques de l'Université d'Oxford. d'un partage des manuscrits en cinq grandes sections, à savoir : la théologie. la jurisprudence, les sciences et arts. les belles-lettres et l'histoire ; et il a annexé à chaque section les *codices* des mélanges où domine le sujet qui s'y rattache. Au point de vue descriptif, Lemarchand ne s'est pas borné à indiquer le titre et le contenu, l'âge. le format et la matière, le type et l'ornementation de chaque manuscrit, avec le nombre de ses feuillets et la mention de sa provenance. Mais il a encore là très heureusement innové en visant dans chaque codex mélangé le premier et le dernier folio de ses divers opuscules.

Mais pénétrons encore plus avant avec Lemarchand dans l'examen de chaque volume. Non content d'en analyser jusqu'aux plats des gardes ou des couvertures ; non content d'indiquer les annotations marginales des auteurs, maîtres et commentateurs, ou seulement des possesseurs intermédiaires, avec l'aide de Ducange il en relève les rubriques significatives et les épigraphes topiques ; il en fournit des citations ou caractéristiques ou piquantes ; il en signale les lacunes et les remaniements, ou en rectifie les transpositions. Il distingue l'original de la copie ; et dans la copie il discerne la main du transcripteur, avec désignation de la date et du lieu de l'original. En remontant à l'original, s'il le voit disséminé en divers dossiers, il le reconstitue par des renvois d'un fragment à l'autre. Est-il sans date et sans nom d'auteur, il les fixe sur la foi de dom Martène, de Mabillon ou du Père Lelong. L'auteur, certain ou probable, il le mentionne biographiquement, avec les circonstances, intrinsèquement relevées, où il a conçu ou divulgué son œuvre ; avec les lieux, dates et variantes de sa publication, avec la nomenclature des travaux qu'elle a inspirés ou qui l'éclaircissent ; avec les péripéties d'acquisition encourues par chaque in-folio, depuis l'abbaye désertée ou l'échoppe où l'ont brocantée dom Braux et Toussaint Grille, jusqu'aux galetas du Logis-Barrault ou à l'étalage du Palais des Marchands [1].

[1] *Petit itinéraire de la Bibliothèque d'Angers, ou Notice succincte des ouvrages les plus rares et curieux, tant imprimés que manuscrits, que renferme cet établissement* (Angers, Ernest Lemarchand, imprimeur de la mairie, 1832). — Catalogue, etc., par Albert Lemarchand. Avertissement *et passim.* — *Catalogue*, etc., par V. Pavie, pp. 3, 5-8, 10, 12-13, 17, 23-24. — Nouvelles archéologiques diverses, éd., p. 5, et Répertoire archéologique (1862), p. 30. — Bibliothèque de l'Ecole des Chartes, eod. — Bulletin monumental de l'Anjou, par M. Aimé de Soland (1852), n° 11, p. 174. — Etablissements scientifiques, etc., par M. de Beauregard, pp. 131, 136-138, 140-141. — Dictionnaire de C. Port, art. *Grille* (Toussaint et François). Renseignements de M. le Dr Farge. — Nous tenons à mentionner aussi la *Lettre à M. le Directeur des Races latines sur les principaux établissements scientifiques de la ville d'Angers,* que nous avons trouvée (dossier : *discours, notices et articles de journaux)* aux cartons de Lemarchand, que Mme Lemarchand a si gracieusement mis à notre disposition, avec toute la correspondance et toutes les notes du défunt.

Mais en dépit de tant de révélations sur la provenance, la portée et les vicissitudes de nos palimpsestes, le Catalogue de Lemarchand trahit encore beaucoup plus de science qu'il n'en étale. L'on dirait que notre érudit ne s'y est comprimé que pour mieux s'épanouir dans l'exhibition personnelle de sa galerie, dont il nous va faire les honneurs (au moins telle est notre illusion rétrospective) à la fois avec la compétence d'un Gabriel Naudé, l'orthodoxie d'un Mabillon et le dilettantisme d'un Nodier.

Voici d'abord [1] (car c'est bien lui qui nous introduit de grand cœur, en nous développant son ingénieuse théorie d'iconographie chrétienne, éclose au souffle du séraphique abbé Gerbet, sur les corrélations symboliques du moyen âge entre la calligraphie et l'architecture), voici d'abord le *Liber Benedictionalis* remontant à Charlemagne, dont le texte bistré à formes pleines relevés d'onciales à capitales rouges et à jambages latins, est d'une allure toute romaine.

Voyez ensuite, au *Liber Evangeliorum* du ix⁰ siècle, comme l'influence byzantine s'atteste dans les portiques coloriés encadrant les concordances d'Eusèbe.

A l'inverse, dans la *Biblia sacra ex translatione sancti Hieronimi* du x⁰ siècle, on voit mieux s'accuser sur les capitales à fleurs et à têtes d'animaux

---

[1] Pour relever ici les prédilections de Lemarchand, je n'ai pu mieux faire que de m'attacher à mes souvenirs personnels, et aux annotations manuelles consignées par le défunt, tant sur son propre exemplaire que sur celui qu'il voulut bien offrir à mon père en lui demandant un compte-rendu.

ce style saxon déjà en germe dans l'ornementation byzantine du régime précédent. A cet égard la transition apparaît surtout dans les animaux symboliques qui envahissent les portiques, et surtout dans le visage noir et barbu du Christ qui orne le prologue.

En passant au xie siècle, aucun des nombreux manuscrits de cette période n'annonce mieux l'art nouveau et ne rompt plus nettement avec les traditions classiques, que ces *quatuor Evangelia*, avec leurs rudes mais expressives miniatures du *Crucifiement*, de la *Descente de Croix* et de la *Mise au tombeau*.

Mais voilà qu'au xiie siècle la floraison saxonne atteint son apogée dans le *Psalterium Davidicum*, où figure le roi David s'accompagnant tour à tour d'un psalterion et d'une lyre, et tour à tour escorté de musiciens et d'instruments. Que dis-je ! la floraison saxonne du xiie siècle éclate surtout aux *Epistolæ sancti Hieronimi*, dans la richesse des encadrements et des rinceaux.

Mais au treizième siècle l'alliance parfaite entre la fantaisie et le dogme se réalise dans la pureté de la forme et l'harmonie du coloris. Voyez en effet comme les caractères s'allongent dans leur heureuse affinité avec les élancements de l'ogive, et comme à l'ancien vermillon du xiie siècle, alternant avec le jaune et le vert, succède le carmin marié à l'azur céleste. A cet égard le plus heureux spécimen serait le *Commentarius in Psalmos*, donné en 1463 par le roi René au couvent de la Baumette, si nous n'avions les *Vitæ Sanctorum*, avec tout ce qui s'y trahit d'innocente liberté dans la foi et de rêverie dans le cloître. Car aux marges du velin semé d'arabesques, et à la date liturgique des ides de mars, voyez-vous ce [frileux, qui, avec sa houppelande ramenée sur ses genoux, étend les mains devant une flamboyante cheminée. Arrive derrière lui une servante chargée d'un fagot aux branches fleuries où niche une cigogne. Ainsi que l'atteste au dessus une charmante poésie latine, c'est le symbole de la transition de l'hiver au printemps. Car chaque année la cigogne revient chez nous saluer la saison nouvelle des crépitations de son bec, et dans nos bois voilà le signal des fanfares du rossignol.

Jusqu'au milieu du xive siècle les traditions hiératiques se soutiennent encore dans les *Décrétales de Grégoire IX*, sous la palette d'un digne contemporain d'Ange de Fiésole. Mais au contraire quelle décadence dans les récréatives mais profanes enluminures du *Livre d'heures* du xve siècle, jusqu'ici si arbitrairement attribué au pieux roi René ! Tant qu'à se délecter dans l'imagerie émancipée du siècle où l'on pressent la Renaissance, autant ouvrir aux imprimés cet incunable intitulé le *Kalendrier des Bergiers*, à la page représentant le siège en règle d'un château défendu par un escargot, ou la division du corps humain en douze parties dont chacune correspond à un signe du zodiaque.

Mais c'est assez se récréer préliminairement dans les enjolivures des textes : il est temps d'en entrevoir les enseignements, d'en épeler la signification et d'en peser la valeur. Voici d'abord qu'à divers traités de saint Thomas et de saint Bernard s'apposent les noms de Bohalle, de Jean Dabert et de Goury, pour nous dire l'importance et la précocité en Anjou des études théologiques. Plus loin la liturgie nous offre en ses missels et en ses graduels des annotations goûtées des bénédictins de Solesme. Plus loin les austères manuscrits des Dupineau, des Chopin et des Pocquet de Livonnière soutiennent l'honneur de notre ancienne École de droit civil ; tandis que la législation canonique est dignement représentée par les statuts de l'ordre de Grandmont, provenant du Prieuré de la Haye-aux-Bons-Hommes. Aux Beaux-Arts nous avons le fameux *Alexander Trallianus de Medicinâ* du xᵉ siècle, provenu de la savante abbaye de Saint-Aubin, et qui nous atteste à quel point y florissait la médecine monastique, bien avant l'importation en Europe de la médecine arabe ; l'*Alexander Trallianus*, contenant surtout un livre inédit *des urines et du pouls*, qu'Haller avait soupçonné avant l'unique indication positive émanée de l'évêque bulgare Jean de Presdiane. Aux Belles-Lettres, et par un piquant contraste entre la vénérabilité rétrospective de nos fonds originaux et l'intérêt palpitant de nos plus actuelles alluvions, à côté d'une grammaire de l'abbaye de Saint-Aubin c'est l'intégral manuscrit des Harmonies de Lamartine, enlevées à l'éditeur Gosselin, durant son passage au ministère des Beaux-Arts, par les pressantes démarches de François Grille. En nous consolant par là de l'absence de tout manuscrit émané de notre Joachim Dubellay, François Grille s'est acquis un titre éternel à notre gratitude, alors même que nous ne lui devrions pas encore l'envoi de mille autres autographes, entre autres ceux de Voltaire et de Mirabeau, de Talleyrand et de Marmont, de Gros, de Scribe et de Spontini, de Mme de Staël et de la Malibran [1].

Mais l'histoire ! l'histoire ! C'est là surtout ce qui nous doit attirer par l'abondance et le prix des documents indigènes. A cet égard, nous avons déjà mentionné avec nos chroniques monastiques les cartulaires des abbayes de Saint-Aubin et du Ronceray, avec les annales de Guillaume Oudin, de Barthélemy Roger, de Guy Arnaud et des deux Rangeard ; le *Pandectæ rerum Andegavensium*, de Claude Ménard ; le vivant registre du greffier ligueur Jehan Louvet ; le *Philandinopolis*, de Bruneau de Tartifume ; la *Notre-Dame Angevine* du docte, sagace et pieux Grandet ; le *Registre capitulaire de l'Église d'Angers*, et les copieuses *Recherches généalogiques* du feudiste Audouys. Ajoutons-y nos biographies épiscopales, notamment la *Vie de saint Lezin*, par saint Maimbeuf, la *Vie de saint Maimbeuf*, par Marbode ; les *Gesta Beati Johannis Michaelin*, annotés de la main de Jehan de Bourdigné. Et en fait d'histoire générale, que de révélations sur l'histoire de nos guerres de religion dans notre *Recueil des synodes des calvinistes :* ou sur nos pittoresques intimités de

---

[1] M. François Grille a d'ailleurs publié la plupart des autographes qu'il a donnés à la bibliothèque. Voir *Autographes de savants et d'artistes, de connus et d'inconnus, de vivants et de morts*, par Fr. Grille (Paris, Ledoyen, 1852), 2 vol. in-12. — *Miettes littéraires, biographiques et morales* (Paris, Ledoyen, 1863, 3 vol. in-12). — *Le Bric-à-Brac, avec son catalogue raisonné* (Paris, Ledoyen, 1853, 2 vol. in-12).

cours et de châteaux dans le *Recueil des registres de Diane de Poitiers* et dans les *Inventaires de Louis XIII !* Et comme ce que nous en voyons reluire en fait de joyaux et de tapisseries clôt bien le dénombrement de notre galerie ; à moins d'y réserver le dernier coup d'œil pour les herbiers des Bastard, des Desvaux et des Guépin, où s'étalent les opulences de la flore angevine [1] !

Cependant tout en promenant les visiteurs avec son infatigable bonne grâce à travers les manuscrits privilégiés de sa bibliothèque, Lemarchand poursuivait la rédaction de son catalogue, qui enfin s'acheva en 1861, peu après la publication de l'*Inventaire analytique des archives anciennes de la mairie d'Angers*, de M. Célestin Port, elle-même précédée des travaux analytiques de M. Marchegay sur nos chroniques et chartes monastiques et sur nos archives départementales. C'est dire l'opportunité du contingent de Lemarchand dans l'œuvre déjà si avancée de l'inventaire collectif des sources inédites de notre histoire angevine, à la veille d'une résurrection par lui-même activée de l'ancienne Revue d'Anjou. Aussi, dans sa session de mai 1861, notre

---

[1] Catalogue, etc., nᵒˢ 12, 14, 17, 42, 72, 126, 146, 363, 396, 442 avec note annexée du Dʳ Farge, 477, 529 et *passim*, 572. — *Catalogue*, etc., par V. Pavie, *passim*. — *Note sur une miniature du XIVᵉ siècle* (Cosnier et Lachèse, 1863), par A. Lemarchand, avec planche d'après son dessin. — Catalogue des sciences et arts, nᵒ 3390. — Maine-et-Loire, 6 janvier 1857. — Bulletin historique et monumental, par M. Aimé de Soland, 1ʳᵉ année (1852), nᵒ 6. *Le nid de cigogne.* — *La Cigogne*, à Albert Lemarchand, par V. Pavie, Œuvres choisies, t. II, Poésies, p. 393.

Conseil municipal, sur la proposition du maire Montrieux, et sur les conclusions du rapporteur de la commission du budget M. Max-Richard, n'hésita pas à voter l'impression du Catalogue des manuscrits [1], qui parut en avril 1863, aux applaudissements universels. Car d'abord Lemarchand eut, bien entendu, les congratulations de la municipalité, qui, après avoir patroné son œuvre, lui souhaita la bienvenue aux termes du procès-verbal de sa délibération en date du 18 juillet 1863, en attendant qu'au décès de M. Adville elle le promût, le 10 mars 1871, au poste de bibliothécaire en chef [2]. Vinrent ensuite les sincères félicitations de la science historique, si dignement représentée en notre Commission archéologique par M. Godard-Faultrier [3], et à Paris dans la *Bibliothèque de l'École des Chartes* par l'éminent administrateur de la Bibliothèque nationale, M. Léopold Delisle [4].

[1] Registre des délibérations municipales.

[2] Eod. — Dès avant la rédaction du Catalogue des manuscrits, la municipalité avait d'ailleurs reconnu les services de Lemarchand par des augmentations graduelles de traitement (séances des 12 juin 1852 et 26 juin 1858).

[3] Répertoire archéologique (1862), eod.

[4] Bibliothèque de l'École des Chartes, eod. — Mentionnons encore pour mémoire l'article consacré au Catalogue des manuscrits par M. Béraud dans le Maine-et-Loire, et les recommandations du Bulletin du bibliophile, du Bulletin du bouquiniste et du Courrier de la librairie. — L'érudit bénédictin dom Chamard avait, aussi lui, préparé pour la Revue du Monde catholique un compte-rendu, mais qui est demeuré à l'état de projet dans les cartons du défunt. (Dossier dom Chamard.)

Les critiques d'ailleurs n'ont pas manqué au Catalogue :
1° On a reproché à Lemarchand d'avoir, dans l'adoption de

Mais dans ce concert d'éloges qui accueillirent l'œuvre de Lemarchand, par là déjà si hautement classée dans l'érudition provinciale, à ses oreilles tintaient des notes plus intimes. Car dans l'intervalle des élucubrations paléographiques, diversifiées d'entreprises littéraires et de causeries de salon, où se jouait son esprit aussi brillant que vigoureux et souple, notre expansif bibliothécaire, avec ces effluves de tendresse qui se sont déjà décélées à nous dans son rude accomplissement des devoirs de famille, et jusque dans son inféodation spirituelle à l'abbé Jules Morel, avait, par l'entremise même de celui dont il se proclamait le disciple, conquis l'amitié héréditaire dont s'autorise aujourd'hui mon titre de biographe. De là, entre mon père et Lemarchand, et dans la ferveur d'un

ses cinq divisions fondamentales, rejeté au dernier rang l'Histoire, et d'avoir, dans cette dernière division, relégué l'Histoire ecclésiastique après la Géographie et l'Histoire ancienne, ainsi que l'Histoire littéraire après l'Histoire de la chevalerie et de la noblesse. 2° Dans la division de la Jurisprudence, il aurait illogiquement rejeté le Droit canonique après le Droit romain et le Droit français, comme si le Droit canonique n'était qu'un dérivatif ou un corollaire de ces deux dernières législations. 3° Il n'aurait pas suivi dans chaque section l'ordre chronologique. 4° Au point de vue d'une constatation plus facile de l'identité de chaque ouvrage, on regrette que le Catalogue n'indique pas les *Incipit*, qui fourniraient à la critique des données plus positives que les titres. 5° En cataloguant les manuscrits biographiques, surtout étrangers, l'auteur a trop souvent omis de dresser la liste des saints dont ils relatent les Actes. 6° En général, il a abusé des citations. — (Léopold Delisle, *cod*). — Correspondance Lemarchand ; dossiers dom Chamard et abbé Sauvage.

Mentionnons enfin l'envoi à l'Exposition universelle du Catalogue des manuscrits.

cénacle littéraire, cette réciprocité d'épanchements où, sous les auspices du catholicisme, la poésie confinait à la science. Et de là encore, dans la gestation du catalogue des manuscrits, et parmi les enluminures des évangéliaires et des missels, les aperçus déjà entrevus ici d'iconographie chrétienne. Et de là enfin, ce compte rendu historié qui ici même est demeuré si inséparable de son objet dans la fraternité des sollicitudes d'art, qu'on s'est plu à confondre les deux œuvres sous l'ingénieux vocable d'un *Catalogue illustré*. Car tout en rimant une légende pour la miniature de *la Cigogne,* mon père s'était estimé trop heureux de fournir, pour ainsi dire, au catalogue des manuscrits ses vignettes et ses culs-de-lampe [1].

Aux recommandations littéraires ou scientifiques s'adjoignirent les vifs remerciements des académiciens gratifiés de l'envoi du Catalogue. C'est d'abord Montalembert, dont la gratitude se traduit en une visite à la bibliothèque où l'escortent M. de Falloux et le prince Galitzin [2]. C'est Victor Cousin, à l'affût déjà de documents angevins sur le passage au château du Verger de la belle Marie de Rohan, que sa plume immortalisera sous le nom de Mme de Chevreuse [3]. C'est Sainte-Beuve, qui en sa qualité d'ancien bibliothécaire de la Mazarine,

----

[1] *Catalogue,* etc., par V. Pavie. — Mémoires de la Société d'agriculture, sciences et arts, 1863. Procès-verbaux, séance du 22 juillet 1863. — Eod. (1886) : *Victor Pavie,* par René Bazin, p. 104.

[2] Correspondance Lemarchand : Dossiers Montalembert et Galitzin.

[3] Eod., dossier Victor Cousin.

apprécie compétemment le mérite du catalogue, en s'avouant (et là-dessus nous en croyons volontiers le mobile et bouillonnant critique) incapable d'une pareille œuvre [1]. C'est enfin Vitet, ce fin appréciateur des mosaïques de Rome, à qui le catalogue rappelle les miniatures qu'il était venu jadis admirer à notre bibliothèque, en lui inspirant le désir de les revoir [2].

Car pour Lemarchand, la meilleure récompense des labeurs de son catalogue c'était encore l'exploitation littéraire et scientifique de sa bibliothèque.

[1] Eod., dossier Sainte-Beuve : « Je vous remercie... de « l'envoi... [de votre] savant ouvrage... Je sais, pour avoir été « bibliothécaire et pour m'être trouvé incapable d'un pareil « travail, tout ce qu'exige de soins et de connaissances un « Catalogue de manuscrits. En d'autres temps, je me fusse « proposé comme un plaisir d'aller passer quelques jours « dans votre belle bibliothèque accompagné de mon excellent « ami Pavie. Trop d'assujettissement désormais m'interdit cet « espoir. Il m'est agréable toutefois de me dire que je trou- « verais là, au besoin, une hospitalité comme la vôtre. »

[2] Eod., dossier Vitet : « ... Vous me prenez par mon faible « en m'annonçant de beaux manuscrits de miniatures. Ce « qu'il y a de trésors dans nos départements est malheureu- « sement trop peu connu. Les bons et savants catalogues, « comme celui que vous me faites l'honneur de m'offrir, sont « de vrais trésors dont les arts et la science ne sauraient être « trop reconnaissants. J'ai bien souvenir d'avoir vu à Angers « quelques très beaux velins à figures, mais voilà si long- « temps, si longtemps, que je m'attends en vous lisant, à de « pures découvertes. J'aimerais fort à fouiller les manuscrits « eux-mêmes, surtout guidé par vous. C'est un plaisir que je « ne me défends pas d'espérer sans pouvoir par malheur lui « assigner dès à présent une date prochaine. J'aimerais bien « que ma bonne étoile me le fît goûter avec la compagnie « des merveilleux esprits que vous avez l'heureuse chance de « posséder quelquefois. »

A cet égard lui-même, à raison du privilège de son établissement aux sources de notre histoire locale, payait d'exemple, en défrayant de ses exhumations quotidiennes, avec M. Godard-Faultrier et nos meilleurs érudits, les publications angevines. En même temps, le catalogue à peine lancé et déjà circulant au loin se couvrait d'annotations sous la main des savants, intrigués par le relief de ses nomenclatures, et par là de tous côtés attirés vers la Bibliothèque. C'est d'abord aux portes de l'Anjou l'abbaye de Solesme, représentée à la salle de travail du logis Barrault par l'élite de ses moines. C'est dom Pitra, qui y poursuit les collationnements du *Spicilegium* [1]. C'est dom Chamard, en quête de matériaux pour ses *Vies des Saints personnages de l'Anjou* [2]. Sur la foi de dom Chamard, après dom Jaussions c'est dom Pothier, qui vient y déchiffrer les neumes du *Missale vetus* du xe siècle, afin de l'utiliser en pleine remise en vigueur de la liturgie romaine, dans ses travaux préparatoires sur les mélodies grégoriennes [3]. Pour en revenir à l'hagiographie, c'est dom Cabrol, et c'est avec lui le directeur de la Revue de Bretagne M. de la Borderie qui, en vue de la préparation des *Acta sanctorum*

[1] Souvenirs personnels.

[2] Catalogue, nᵒˢ 252 et 278 et *passim*. — Correspondance Lemarchand, dossier Chamard (dom).

[3] Catalogue, nᵒ 83. — *Quelques mots sur l'annotation du chant grégorien à propos du missel de saint Vougay*, par dom Joseph Pothier (Arras, 1877). — Renseignements épistolaires émanés de l'amicale obligeance de dom Chamard et de dom Pothier.

Britannicæ et au grand profit des Bollandistes, nous mettent à contribution pour les Vies de saint Samson et de saint Clair, de saint Yves, de saint Tugdual et de saint Guénolé[1]. Ce sont encore les Bollandistes qui bénéficieront de la constatation au catalogue, par leur correspondant de Normandie l'abbé Sauvage, de la plus ancienne liste connue des archevêques de Rouen[2]. Ailleurs c'est Villemain, qui consulte un manuscrit de Claude Ménard en vue de la composition de son histoire du grand pape Grégoire VII[3]. Enfin c'est un bibliothécaire émérite, Ulysse Robert, qui au catalogue avise une

[1] Catalogue, nᵒˢ 719 et 730. — Correspondance Lemarchand : Dossier Borderie de la. — Renseignements épistolaires émanés de l'obligeance de dom Plaine. — *Analecta Bollandiana*, t. II, pp. 160-190, et t. VI, pp. 36-96. — Acta SS. Britanniæ, *passim*.

[2] Les Bollandistes n'ont pas encore utilisé cette liste, dressée par Lemarchand, avec le concours du sous-bibliothécaire M. Houdayer, à travers les tortures d'une sciatique. Mais M. l'abbé Sauvage l'a inséré dans son travail destiné au t. IX des *Analecta Bollandiana* et actuellement sous presse avec ce titre : *Tabula synoptica successionis archiepiscoporum Rotomagensium a primordiis hujus sedis ad finem sæculi duodecim ex omnibus catalogis manuscriptis hactenus notis atque normannorum auctorum præstantioribus libris impressis.* C'est une sorte de catalogue critique dont la première colonne sera ouverte au document angevin, avec annexe d'une note descriptive. — Catalogue, nᵒ 266. — Histoire littéraire de France, t. XIX : *Les anciens Catalogues des évêques ou églises de France. Province de Rouen, 32 : Archevêques de Rouen.* — Correspondance Lemarchand : Dossier Sauvage (abbé). — Renseignements épistolaires émanés de l'obligeance de M. l'abbé Sauvage et du R. P. Smidt, directeur de la publication des Bollandistes.

[3] Revue de l'Anjou et du Maine, t. II, p. 390.

lettre du pape Calixte II, pour la joindre à son recueil des textes inédits de ce judicieux pacificateur de la querelle des investitures [1].

C'est non seulement de la France, mais de toutes les parties de l'Europe que, sur la foi du Catalogue, les regards se tournent vers notre bibliothèque. De Rome, le chanoine Ucelli, éditeur des œuvres de saint Thomas d'Aquin, convoite nos deux sermons inédits de l'Ange de l'École [2]. De Berlin, le professeur de droit Paul Hinschius accourt à notre bibliothèque pour y compulser un très ancien manuscrit d'Isidore Mercator, un manuscrit presque contemporain de l'auteur. Aussi, après l'avoir utilisé dans sa publication des *Decretales pseudo-Isidorianæ*, il le mentionne dans sa préface au rang des manuscrits de première classe, à côté de ceux de Suisse et de Bavière et avec l'épithète de *præstantissimus* [3]. On peut juger d'après cela si le fameux docteur Friedrich Schulte, professeur de droit canonique à Prague, dans l'étape angevine de ses pérégrinations

---

[1] Catalogue, nᵒ 228. — *Essai sur les actes du pape Calixte II,* par Ulysse Robert (Paris, 1874). — Correspondance Lemarchand : Dossier Ulysse Robert.

[2] Correspondance Lemarchand : Dossier Barbier de Montault.

[3] Le Dʳ Hinschius a même adressé en remerciement un exemplaire de sa publication à Lemarchand, qui de son côté l'a offert à la Bibliothèque de l'abbaye de Solesme, où elle sert à l'enseignement du droit canonique. — Catalogue, nᵒ 354. — *Decretales pseudo-Isidorianæ et Capitula Angilramni ad fidem librorum manuscriptorum* (Leipsick, 1863). — Correspondance Lemarchand : Dossier Hinschius. — Renseignements de dom Leduc et renseignements épistolaires émanés de l'obligeance de dom Pothier et de M. le Dʳ Hinschius.

à travers toutes les bibliothèques de l'Europe, à l'effet d'y colliger tous les documents inédits de sa compétence universitaire, omet de viser le codex si avantageusement noté par son collègue de Berlin, au milieu de quarante autres manuscrits figurant à notre actif dans son *Iter gallicum* [1]. Mais décidément tant d'explorations tentées jusque dans nos murs par le cosmopolitisme d'outre-Rhin, ont comme établi un courant continu entre l'Allemagne et l'Anjou; car voici venir un professeur de Leipzig, Guillaume Arndt, qui puise au cartulaire de Saint-Aubin plus d'un diplôme carlovingien dont s'enrichira la collection des *Monumenta Germaniæ historica* [2]. Et la grande collection des monuments inédits de l'histoire belge, de Kervyn de Littenhove, comme elle se rehausse des élégantes miniatures empruntées aux *Chroniques de Flandre* de l'abbaye de Saint-Serge [3]!

[1] Catalogue : Jurisprudence et Droit canonique, *passim*. — *Iter Gallicum, von D^{er} Friedrich Schult, ord. professor : Des Canonischen und Dreyschen rechte*, Wien (1868), pp. 361, 363, 441-450. — *Revue de l'Anjou*, 1re année, t. II, 5e livraison, mai 1868, p. 404. — Correspondance Lemarchand : Dossier Schulte. — Renseignements épistolaires émanés de l'obligeance de M. le Dr Schulte.

[2] *Revue de l'Anjou*, t. I, 3e année (1869), p. 143. — Renseignements épistolaires émanés de l'obligeance de M. le Dr Arndt.

[3] Et reproduites avec autant d'habileté que de goût par M. Houdayer. — Catalogue, n° 971. — *Estore et croniques de Flandre, d'après les textes de divers manuscrits*, par M. le baron Kervyn de Littenhove, Bruxelles, Hayez, 1880 (en la *Collection de documents inédits relatifs à l'histoire de la Belgique*, publiée par la Commission royale d'Histoire de l'Académie royale de Belgique), t. I et II.

Il n'est pas jusqu'aux rivages les plus reculés de la Baltique, où le Catalogue n'ait fait événement. Un jour en effet, au cours de ses dépouillements préparatoires, et non sans l'assistance de dom Pitra, de M. Célestin Port et de Philippe Béclard, Lemarchand avisa sur une garde du xv⁰ siècle, des feuillets de parchemin datant du xiiiᵉ, et qui contenaient un fragment de la célèbre *Historia Dania* du Danois *Saxo Grammaticus*, relatif à la lutte d'un des premiers rois de Danemark contre le roi de Suède Sigtrug. Cette découverte, mentionnée au Catalogue sous le numéro du manuscrit si curieusement enveloppé, n'était rien moins pour ainsi dire qu'un événement historique. Car on avait là un fragment contemporain [1] de la rédaction d'un ouvrage dont le texte, vu la perte du manuscrit original, ne nous était jusque-là connu que par une édition du xviᵉ siècle [2], et de rares copies manuscrites des xivᵉ et xvᵉ siècles. Aussi, peu d'années après la publication du Catalogue, M. Célestin Port adressait une copie du nouveau document à M. Gaston Pàris. Avisé par là d'une exhumation afférente au plus riche monument de l'histoire du Danemark, Gaston Pàris en informa aussitôt l'Académie des Inscriptions et Belles-Lettres. Un peu plus tard même, en

---

[1] L'historien Saxo Grammaticus mourut en 1204.

[2] Lemarchand avait d'abord signalé à la *Romania* dans le manuscrit du Saxo un fragment d'une traduction latine d'Edda, passant jusqu'ici pour avoir été composé au xiiiᵉ siècle. Mais M. Port, à cet égard, a fort contribué à rectifier les conclusions de Lemarchand qui, du reste, a toujours avoué en toute bonne foi son erreur primitive.

sa séance du 21 décembre 1877, il adressait la copie
de M. Port au professeur de Christiana Bugges,
qui lui-même, le 19 février 1878, la transmit à
l'Académie des Sciences de Danemark, alors sié-
geant en congrès, et d'où elle passa le 22 février,
après un solennel examen et l'exécution d'un *fac-
simile*, à la bibliothèque royale de Copenhague. Sur
ces entrefaites l'éminent administrateur-général de
la Bibliothèque nationale, M. Léopold Delisle,
apprit, grâce à la publication d'une notice émanée
du bibliothécaire de Copenhague Brunn, que le
dépôt qui venait de s'enrichir d'une copie du fragment du *Saxo*, possédait la charte de fondation,
richement enluminée, de la célèbre abbaye pari-
sienne de Saint-Martin-des-Champs, sous le titre
de *Chartæ fundationis monasterii sancti Martini de
Campis*. Il s'agissait là d'un titre primordial absolument dépaysé en Danemark; et, au contraire, à notre
Bibliothèque nationale quelle lacune capitale dans
la liasse de manuscrits provenant du même fond
monastique! Aussi, par deux lettres consécutives
des 11 et 20 avril 1878, Léopold Delisle suggérait
tour à tour à ses deux collègues d'Angers et de
Copenhague l'idée d'un rapatriement de la *Charta
Fondationis* par voie d'échange avec l'original même
du fragment du Saxo convoité déjà sur les rives de
la Baltique. Il offrait d'ailleurs à Lemarchand, en
retour du patriotique sacrifice qu'il sollicitait de lui,
une large indemnité en envoi de livres puisés dans
sa réserve de doubles ou sous forme de l'ouverture
d'un crédit de librairie. Des deux côtés coïncidèrent
les adhésions, dûment homologuées par décisions

ministérielle et municipale [1] des 30 avril, 15 mai et 12 juillet 1878 ; si bien que, grâce à l'entremise de l'ambassadeur de Danemark de Moltke, la permutation négociée put s'opérer matériellement dès les 16 août et 28 octobre suivants entre les Bibliothèques d'Angers, de Paris et de Copenhague. Mais Lemarchand n'avait pas consommé son amputation bibliographique sans débattre les intérêts de sa galerie de manuscrits, par là dégarnie d'une de ses plus chères couvertures [2] : et de là entre lui et Léopold Delisle de longs pourparlers, qui aboutirent à la satisfaction commune. Car, au cours de novembre 1878, en outre d'une somme de 500 fr. expédiée à Angers dès le mois de juillet précédent, arrivait de Paris à l'adresse de la Bibliothèque municipale, une caisse remplie des ouvrages mêmes stipulés par Lemarchand vis-à-vis de Léopold Delisle, où figurait en première ligne la magnifique collection des *Planches du cabinet du Roi* [3]. Mais ce n'était pas là toute la récompense réservée au

---

[1] Le maire d'Angers était alors M. Mourin, dont MM. Léopold Delisle et Lemarchand relèvent à l'envi à ce sujet les libérales dispositions.

[2] Notre bibliothèque possède d'ailleurs un exemplaire du fac-simile du Saxo commandé par l'Académie des sciences de Copenhague, et annexé à la Notice que publia en 1869 le bibliothécaire de Copenhague M. Bruun.

[3] Sur épreuves du tirage primitif. Les autres livres étaient : 1° *Le Cabinet des manuscrits de la Bibliothèque nationale* ; 2° *Paris et ses historiens*, 1 vol. grand in-4° avec nombreuses planches en couleur ; 3° *Jetons de l'échevinage de Paris*, etc., 2 vol. in-4° avec nombreuses gravures sur bois ; 4° *Étienne Marcel*, 1 vol. in 4°.

bibliothécaire dont le nom désormais s'associe au
sort des plus vivantes annales des races septen-
trionales ; au bibliothécaire inséparable du nom de
l'historien qui, après avoir recueilli toutes les
scaldes de Danemark et toutes les sagas d'Islande,
avait inspiré l'Hamlet de Shakespeare. Aussi, et
grâce à la double entremise de Léopold Delisle et
de l'ambassadeur de Danemark, le 13 août 1878 un
rescrit de Copenhague investissait Albert Lemarchand du titre de chevalier de troisième classe de
l'ordre du Danebrog [1].

[1] Lemarchand ne s'en est même pas tenu au déchiffrement
de ses feuillets du Saxo. Car un peu après la rédaction du
Catalogue : « j'eus la pensée, » dit-il en toute sincérité, « de
« publier quelques réflexions sur des textes qui, sans être
« inédits, pouvaient donner lieu à plus d'un utile commen-
« taire, et grâce au conseil de deux érudits d'une rare intel-
« ligence, grâce aussi aux recherches sagaces d'un ami tou-
« jours regretté, M. Philippe Béclard, je parvins à recueillir
« un assez grand nombre de détails intéressants soit sur les
« anciens manuscrits de l'Histoire danoise, soit sur les héros
« mentionnés dans certaines œuvres de scaldes traduites en
« latin par Saxo. Mais je m'aperçus vite que je n'avais pas
« les connaissances suffisantes pour m'occuper avec autorité
« des origines scandinaves, et je pris ce sage parti de recom-
« mander la tâche à qui se sentirait la force et le goût de
« l'entreprendre ». — Catalogue, n° 313. — Compte rendu
des séances de l'Académie des Inscriptions, année 1877,
pp. 321 et 322. — Revue critique d'histoire et de littérature,
11e année, p. 408. — Maine-et-Loire, 1er janvier 1876 : *Une
question locale* ; et 10 janvier : *Chronique de l'Ouest*. — *Dei
Angers fundne Brudstykke af et Haandskrit at Saxo Grammaticus. Udgivet i foto lithografist Faesimile af dit Kongelige
danske Videns Kabernos. Selskab* (Kjobenkaven, 1879). —
Fragmentel af et Haandshrift of Saxo Grammaticu (Kjobenkaven, 1879). — *Mélanges de paléographie et de bibliographie*, par Léopold Delisle (Paris, 1880, p. 480. — Corres-

Une telle marque d'estime, rehaussant chez notre ami le prestige du nouveau grade de bibliothécaire en chef, aussi impartialement décerné en 1871 que l'avait été celui d'adjoint en 1849, ne lui était d'ailleurs pas nécessaire pour l'encourager dans la poursuite de son grand inventaire bibliographique. Car, dès après la publication du Catalogue des manuscrits, il avait passé de suite au récolement des imprimés. Il est vrai qu'au point de vue de l'universalité de sa tâche, l'œuvre qui lui valut la lointaine décoration du Danebrog était d'emblée son œuvre capitale. Mais dans la dernière partie de son chemin surgissaient devant lui assez de problèmes à résoudre pour maintenir jusqu'au bout sa curiosité en haleine. Par exemple, rien qu'au point de vue typographique, il y a à s'enquérir si tel incunable, orné de gravures sur bois, est de Strasbourg ou de Mayence ; si tel autre est une édition princeps, ou appartient à la catégorie des *rarissimes* ; s'il a été imprimé par Alde, Manuel ou Elzevir ; ou si la reliure est d'un Pasdeloup, d'un Bauzonnet ou d'un Derôme. En pénétrant plus avant, dans quelle section doit entrer ce volume au titre

pondance Lemarchand : Dossier L. Delisle, et contre-partie d'id., que nous devons à l'obligeante communication de M. Delisle. — Cartons de mon père : Correspondance Lemarchand. — Renseignements de MM. Léopold Delisle, C. Port, le Dr Farge, Eugène Lelong et Houdayer. — Archives Lemarchand : Dossier *Décoration de l'ordre du Danebrog*. — Pourquoi Lemarchand n'a-t-il pas joint à la décoration de l'ordre du Dannebrog celle de la Légion d'honneur ? M. le maire Guignard, en a exprimé sur sa tombe un regret auquel nous nous associons de grand cœur.

ambigu, dont on ne sait si la matière est d'histoire
ou de philosophie? A qui attribuer ce traité ano-
nyme? Et d'autre part quel est cet auteur dont le
nom n'apparait dans aucun dictionnaire biogra-
phique? Enfin, c'est tout un monde d'interpellations
sur le parcours d'une galerie qui ne compte pas
moins de quarante mille volumes [1].

Rien que l'histoire en fournit environ la moitié.
Car dix-neuf mille volumes composent notre fond
historique, basé sur la masse du *Recueil des historiens des Gaules*: de l'*Amplissima collectio*: du *Thesau-
rus novus anecdotorum*: du *Spicilegium* et de la collection des *Documents inédits sur l'Histoire de France*.
D'autre part, Lemarchand qui, par une heureuse
alliance des facultés contradictoires de ses deux
devanciers les Grille, unissait à la persévérance des
dépouillements la célérité de leur mise en œuvre,
venait de ressusciter dans l'intervalle de deux
constatations typographiques, en 1863, son ancienne
Revue d'Anjou. Sous sa main organisatrice et sous
le bénéfice récemment acquis du catalogue si révé-
lateur des manuscrits, avaient reparu ces annales dont
Barthélemy Roger et le Registre du Présidial avaient
inauguré et clos la première phase, et où bientôt se
déverseront la Notre-Dame Angevine de Grandet et
l'Histoire de l'Université d'Angers de Rangeard.
C'est dire à quel point Lemarchand eut à cœur de

<hr>

[1] Catalogue des imprimés de la Bibliothèque d'Angers, par
M. Albert Lemarchand. Histoire (Angers, Paul Lachèse,
Belleuvre et Dolbeau, 1874). Avertissement. — *Lettre à M. le
Directeur de la Revue des races latines*, etc., *passim*.

débuter dans la seconde phase de ses récolements
par le Catalogue de l'Histoire, publié en 1871[1] et au
moment de sa promotion, qu'il ne pouvait mieux
justifier que par là même, au grade de bibliothécaire en chef. Bornons-nous d'ailleurs à signaler
dans le Catalogue de l'Histoire l'originalité du plan,
qui s'accuse dès la première section, où l'auteur
innove en nous offrant à titre de préliminaires
introductifs la géographie, les voyages et la statis-
tique ; et surtout dans la troisième section dite des
Spécialités historiques, où figurent les traités sur
l'Histoire du droit et des sciences, réparties jusque
là dans les divisions abstraites de Jurisprudence et
de Sciences et Arts[2].

Mais l'histoire appelle à son aide la littérature,
en une province où Claude Ménard, l'auteur des
Pandectæ rerum andegavensium, avait fourni la deu-
xième édition de Joinville ; où les Annales de Bourdigné nous rappellent la saveur et l'arôme de
Froissart ; où le roi René modulait dans l'intervalle
de ses campagnes d'Italie et de Lorraine le poëme
de l'*Abusé en court*. L'histoire appelle surtout en
aide la littérature aux yeux du bibliothécaire angevin doublé du directeur d'une Revue à laquelle il
communique à la fois l'aliment et la vie ; d'une
Revue où le Journal de Louvet provoque le drame
des *Saint-Offange*, et où le Registre du Présidial
suscite le brillant tableau de *la Fronde en Anjou*.

---

[1] Toujours aux frais de la ville, ainsi que les autres catalogues à suivre. — Registre des délibérations.
[2] Catalogue, etc. Histoire. Avertissement.

Aussi, à ce point de vue des sollicitudes complexes de notre ami, ne peut-on s'étonner de voir le Catalogue de l'Histoire suivi de près de celui des Belles-Lettres, préparé avec l'intelligent bibliothécaire-adjoint Lucien Boulanger. En s'y défendant de toute innovation dans le plan, Lemarchand s'est plu à nous signaler de nombreuses éditions d'Horace provenues du cabinet Guépin ; le *Repertorium morale perutile prædicatoribus* du bénédictin Bercharius ; une collection de pièces de théâtre en vingt-cinq volumes in-4° : et les livres sanscrits et chinois que s'est estimé heureux d'offrir à la bibliothèque mon oncle Théodore Pavie [1].

Du reste, aux yeux même des travailleurs qui eussent désiré voir le récolement de l'histoire suivi de près de celui des sciences qui lui font un naturel cortège, Lemarchand s'est justifié de l'interversion dont avait bénéficié la littérature, en publiant dès 1875, c'est-à-dire à peine deux ans après l'apparition de son *Catalogue des Belles-Lettres*, et ainsi qu'il l'avait dès lors promis, le *Catalogue des Sciences et Arts*. Et cependant dans la gestation de cette dernière œuvre, Lemarchand s'était trouvé en face de difficultés toutes nouvelles. Car en un siècle d'expérimentation et d'analyse universelle, c'est à désespérer de se composer une synthèse scientifique absolument rationnelle, où le moindre opuscule ait sa place marquée avec une

[1] Catalogue des imprimés, etc. Belles-Lettres Angers, Lachèse, Belleuvre et Dolbeau, 1873, Avertissement.

rigueur indiscutable. Aussi, pour dérober à cet égard toute prise à la critique, Lemarchand, sans perdre de vue dans l'adoption de son plan les principes ni la méthode, s'est abstenu de professer individuellement toute opinion philosophique sur l'ensemble et la coordination des sciences humaines, pour ne viser qu'à fournir aux travailleurs une prompte et sûre orientation. C'est là, pensait-il, le devoir d'un bibliothécaire, même le moins incliné personnellement vers l'éclectisme. A cet égard nous avons déjà assez apprécié ailleurs chez notre ami la franchise de l'orthodoxie pour mesurer ici l'étendue de l'abnégation. Mais plus il se dissimule dans la conception du cadre général, plus on le voit jubiler dans le détail des dénombrements. Rien que dans la section d'Histoire naturelle voici les *Arbres forestiers d'Amérique*, de Michaux ; *Les liliacées et les roses*, de Redouté ; les *Orangers* de Risso, et les *Champignons*, de Paulet. Ce sont encore les *Mammifères*, de Frédéric Cuvier ; les *Insectes*, de Palissot de Beauvoys et les *Mollusques*, de Ferussac. Ce sont surtout les *Oiseaux coloriés*, de Temmink, les *Pigeons*, de Mme Knipp et les *Oiseaux du Paradis*, de Levaillant, qui sont demeurés parmi mes plus magiques souvenirs d'enfance ; car invariablement, lors de mes échappées d'écolier en congé vers la bibliothèque, Lemarchand les venait lui-même étaler sur mon pupitre. En médecine, ce sont les traités de Bisole, de Camper et de Bidloo, *la Myologie*, de Gautier, *les Maladies de la peau*, d'Alibert ; les œuvres anatomiques, avec figures coloriées, de Galles, de Bichat et de Béclard, sans compter les thèses en médecine des cabinets Guépin et Grégoire Lachèse [1]. Aux Beaux-Arts enfin voici surtout la *Danse macabre*, les *Loges de Raphaël* et la *Galerie de Versailles* [2].

Au milieu d'un tel luxe bibliographique, notre ami jusqu'ici s'est effacé dans les sollicitudes de classement coupées des seuls intermèdes d'exhibition. Mais, à force d'avoir respiré l'atmosphère de sa bibliothèque, Lemarchand se l'était assimilée au point d'en devenir le plus vivant catalogue. Aussi, avant d'y feuilleter ses inventaires, on allait droit à lui comme à l'homme en qui s'incarnait la bibliothèque. Il s'y détachait sur le pourtour des rayons avec l'amplitude monumentale d'un front dégarni par les veilles et la convexité sphérique de son œil

[1] Pour avoir, au point de vue de la médecine, une juste idée des ressources de notre ville, il faut d'ailleurs joindre aux volumes signalés aux catalogues des Sciences et Arts ceux que renferme la Bibliothèque de l'École de médecine.

[2] Catalogue des Imprimés, etc. Fiction et Arts (Anvers, P. Lachèse, Belleuvre et Dolbeau, 1875). — Avertissement. — Belles-Lettres. Avertissement. — Ajoutons que la municipalité a reconnu le mérite du Catalogue des Sciences et Arts en gratifiant l'auteur d'une nouvelle augmentation du traitement (séance du 26 juillet 1876).

Pour parfaire l'universalité de son récolement, il ne restait plus à Lemarchand que la rédaction des Catalogues de Théologie et de Jurisprudence, qu'il n'a pas manqué d'embrasser dans ses initiatives. À cet égard, et sous sa direction, son excellent adjoint M. Houdayer a préparé et poussé même assez avant, surtout en ce qui est de la jurisprudence, le montage des cartons en vue de l'impression, malheureusement ajournée faute de fonds. Mais patience ! Dès que le permettra le budget municipal, notre bibliothécaire actuel Élie Sorin se propose de reprendre l'œuvre et de la mener à terme.

interrogateur, avec sa pâleur professionnelle et l'assurance de son galbe. D'une allure naturellement fringante, et dont il s'appliquait à étouffer le retentissement dans ce sanctuaire de la science, il allait et venait d'un casier à l'autre. Chemin faisant il réfléchissait en lui les enseignements de sa galerie avec un sourire socratique ; et d'un geste élégant on eût dit qu'il lui suffisait de frôler les rangées d'in-folios pour en dégager des fluides électriques.

Grâce à ce don de magnétisme, quelle puissance de contact avec la docte affluence du Logis-Barrault ! De part et d'autre quelles identifications, en une bibliothèque à la fois assez vaste pour que Lemarchand ne s'y morfondît pas en une honorable sinécure, et assez restreinte pour le maintenir, sans nulle consigne de bureaucratie, sur un pied de familiarité paternelle avec les travailleurs. Les travailleurs ! ils lui étaient une famille adoptive. C'était pour eux qu'en vraie mère-abeille il dépouillait la fleur des incunables ; pour eux qu'il distillait le miel extrait de ses rayons comme d'autant d'alvéoles. Il leur appartenait à tous, et sans cesse il allait se multipliant d'une table à l'autre, pour s'associer aux élucubrations du plus humble chercheur, prévenir ses désirs et préciser ses demandes. Tel qui d'abord n'avait eu de lui au passage qu'un rapide encouragement du geste et du regard, au bout de quelques séances le voyait s'accouder devant lui et l'interpeller avec autant de discrétion que de sollicitude sur l'objet et le dernier état de ses recherches. Que si là-dessus vous veniez à lui

confesser vos lacunes d'informations, au plus fort
de cet aveu de votre détresse il s'esquivait vite,
pour revenir une heure après derrière vous avec
un in-folio marqué à l'endroit topique, et dont il
secouait pour ainsi dire la moelle sur votre cahier
entr'ouvert. En cela d'ailleurs, en vrai bibliothécaire, il étudiait sa bibliothèque en servant le lec-
teur. Dans cette réciprocité d'ouvertures avec des
interlocuteurs si divers, à qui il communiquait sa
science en soutirant la leur, il ne pouvait se dépen-
ser sans se renouveler, ni se prodiguer sans s'enrichir. En cherchant un nom ou une date, il rencon-
trait une anecdote. En remontant d'une édition à
l'autre, il résolvait un problème typographique. Et
cependant les confidences çà et là recueillies s'enregistraient au fur et à mesure dans ses tablettes, au
grand profit des travailleurs du lendemain.

Notre ami d'ailleurs, avec la permanence de son
accessibilité, était tellement devenu ce que j'ose
appeler la proie du public, que c'était à qui envahi-
rait son cabinet pour y attaquer sa solitude, au
risque d'y traverser le déchiffrement d'une garde,
ou une correspondance administrative, ou une
préparation de conférence, ou seulement le dépouillement du journal ou de la publication nouvelle qui défrayera le soir sa causerie de salon
ou sa discussion de cercle. N'importe, indéfiniment prodigue des heures du jour parce qu'il
savait le prix des minutes de la nuit, à peine sa
porte s'entr'ouvrait-elle qu'aussitôt les crispations
de l'étude se résorbaient en lui dans l'inaltérable
cordialité de son accueil, et l'on n'eût pu tendre

plus largement au nouveau venu la main qui venait d'étreindre un incunable. En même temps semblait s'échapper de ses lèvres cette engageante invitation de Labruyère : « O homme, qui... avez besoin de « mes offices, venez... Le philosophe est toujours « accessible. Vous me trouverez sur les livres de « Platon qui traitent de la spiritualité de l'âme..., « ou la plume à la main pour calculer les distances « de Saturne et de Jupiter... Parlez... Faut-il quit- « ter mes livres, mes études, mon ouvrage, cette « ligne qui est commencée? Quelle interruption « heureuse pour moi que celle qui vous est utile !... « L'homme de lettres est trivial comme une borne « au coin des places ; il est vu de tous, et à toute « heure, et en tous états ; il ne peut être important, « et il ne le veut point être[1]. »

Dans ces heureuses dispositions, c'est avec sa meilleure grâce qu'à l'extrémité de la salle de travail il allait servir au parvenu d'échevinage hanté d'une chimère de blason le feudiste Audouys, ou au soldat désœuvré les Victoires et Conquêtes, ou à l'écolier le français de sa version, avant d'aller reprendre dans l'embrasure d'une fenêtre le colloque entamé avec dom Pitra ou Villemain. Je viens de nommer Villemain comme l'un des plus illustres hôtes de la bibliothèque, qui eut les prémices de son acclimatation angevine. Car Villemain s'était de bonne heure naturalisé angevin par le mariage de sa fille avec M. Allain-Targé, et par l'acceptation du titre de notre président d'honneur,

[1] *Des biens de fortune*, n° 12.

après la séance solennelle où avec M. de Falloux il avait daigné venir chez nous décerner le prix Pavie [1]. Or c'est durant un de ses voyages à Angers où dès lors l'attirèrent les liens de famille et où parfois le retint sa condescendance de collègue, qu'entre deux visites à l'abbaye Toussaint et à la galerie David, Villemain vint à la bibliothèque poursuivre la préparation de sa vie de Grégoire VII [2]. Là, et sans même que Villemain eût à se souvenir d'avoir ici-même et à d'autres titres apprécié Lemarchand, entre le bibliothécaire et l'académicien se déclarèrent vite les affinités du goût et de la science. Bien vite ces deux intelligences supérieures s'éprirent l'une de l'autre. Mais dans la réciprocité de leurs épanchements littéraires et dans leurs communes pérégrinations à travers la salle de travail, je ne répondrais pas que l'auteur du Génie de Pindare et du Tableau de la Littérature au xviiie siècle n'eût été surtout sensible à l'art que déploya son cicérone, en attisant sa flamme au hasard des rencontres bibliographiques. D'ailleurs, Lemarchand lui-même, à l'égard de Villemain également heureux dans l'adresse des interpellations et dans la sûreté du souvenir, à nos

---

[1] Prix offert en 1857 par mon grand-père Louis Pavie, alors vice-président de la Société d'Agriculture, au meilleur poëme sur le *Château d'Angers*. Le prix fut décerné à M. Coulon, dans la séance solennelle du 18 juin 1857. — C'est encore par l'entremise de mon grand-père que notre Société offrit à Villemain le titre de président d'honneur.

[2] Sur l'hérésie de Béranger, en outre d'un imprimé de François de Roye.

yeux et sur l'horizon de sa bibliothèque à la fois le lance et le détermine. « Villemain, » nous a-t-il souvent raconté, « se croyait là dans son cabinet « de travail ; et, par une flagrante rupture du silence « réglementaire, cette illusion l'enlevait au point « d'arpenter à grands pas la salle en fredonnant un « chant d'Homère, ou une période de Cicéron, « ou une harangue du général Foy, ou une véhé- « mente apostrophe de Berryer. Ou encore il lui « échappait un brûlant commentaire sur Tacite, « Juvénal et saint Augustin, ou une piquante anec- « dote sur les amabilités de Cousin pour les Carmé- « lites, ou sur les illuminations de Michelet. Ou « bien encore, sans être bibliophile comme Nodier « ou Sainte-Beuve, il s'extasiait à l'aspect d'un « chef-d'œuvre typographique ou d'une élégante « reliure. Et moi, ravi, je recueillais avidement ses « improvisations embrasées pour les fixer le soir « sur mes tablettes. » Ce que Lemarchand n'ajou- tait pas et ce que ne disent pas les tablettes, c'est qu'au sortir de la bibliothèque, Villemain, satisfait de notre ami dans la mesure même où il s'était senti revivre auprès de lui, s'écriait : « Quel dom- « mage que je ne sois plus ministre de l'Instruction « publique ! Il y a longtemps qu'Albert Lemarchand « ne serait plus ici [1]. »

[1] Revue de l'Anjou, 3ᵉ année, t. VI (1870). — Bulletin pp. 415-416. — *Quelques mots sur Villemain*, par J. Sorin (Mémoires de la Société d'Agriculture, 1879, pp. 70-71). — Victor Pavie, Œuvres choisies, t. II, *Les Revenants : Villemain*, pp. 209. — Renseignements de M. Cosnier.

En attirant Lemarchand vers de plus hauts postes qu'il était digne de remplir mais qu'il n'ambitionna jamais, Villemain (et nous ne saurions d'ailleurs sans égoïsme nous en plaindre) eût enlevé notre ami à une bibliothèque qui lui était devenue une seconde patrie. Et en effet, après la publication de ses catalogues on put se demander s'il fut plus soigneux de l'inventorier que de l'enrichir. A ce dernier point de vue on ne pouvait mieux s'en rapporter qu'à l'adjudicataire du cabinet Grille et au négociateur de l'échange du Saxo Grammaticus contre les titres de l'abbaye de Saint-Martin des Champs ; à l'homme qui, sans perdre de vue ni ses in-folios ni ses travailleurs, furetait dans les librairies, courait les ventes, épluchait les prospectus ; à l'homme aussi qui recueillait le prix de son identification aux travailleurs en recevant d'eux les œuvres qu'avait fécondées la bibliothèque ; à l'homme enfin qui, dans toute l'étendue de ses relations du monde, y pratiquait si doxtrement la diplomatie dans la bibliographie, en y cultivant sans relâche des sources ou des entremises de largesses. Aussi par tant de canaux ouverts, et comme en alternance avec l'émission des catalogues, vers le Logis-Barrault quelle affluence de trésors, depuis cette *collection de Chartes et de pièces originales relatives à l'Anjou,* qui nous arrive de Bruxelles[1], jusqu'aux *Monumenta Germaniæ* de Pertz ! En revanche, pour notre ami quel chagrin quand lui échappent, par exemple, les *Noëls joyeux plains de plaisir de Jean*

---

[1] Catalogue des mss., n° 859.

Daniel en reliure Bauzonnet, ou l'in-folio gothique du *Mistère de la Passion de Jésu Crist jouée à Paris et à Angiers*, imprimé en 1499 [1] ! Il ne s'en consolera qu'en exhalant là-dessus un soupir dans le Bulletin de sa Revue. Il s'en consolera encore mieux, si les occasions ne se dérobent à lui que pour tenter chez nous d'autres budgets que celui de la municipalité angevine, en signalant par le même organe à un Toussaint Grille ou à un de Villoutreys, qui en retour l'admettront à les y feuilleter comme chez lui dans leur bibliothèque, ou l'*Histoire aggrégative des annales et chroniques d'Anjou, par Jehan de Bourdigné, reveues et additionnées par Le Visteur :* ou le manuscrit sur velin, avec blasons enluminés, de la *Généalogie des Seigneurs de Duresdal en Anjou, de Fenquerolles* [2].

II

Du même coup qui l'eût enlevé au Logis-Barrault, Lemarchand se fût détaché d'une entreprise qui déjà nous a semblé liée sous son nom aux destinées de la bibliothèque. Nous voulons parler de

[1] Revue de l'Anjou, 3e année, t. I, 2e livraison, août 1869. Bulletin p. 143.

[2] Eod., pp. 143-144.

Après le classement et l'enrichissement de la Bibliothèque, signalons encore à l'honneur de Lemarchand, parmi les principaux actes d'administration : l'organisation des vestibules et la fumigation des herbiers du Dr Guépin.

cette publication à laquelle, avec la complexité de
son rôle que nous ne croyons pouvoir mieux désigner que par le double titre de bibliothécaire-direc-
teur, à toutes les phases de son récolement universel, il a si libéralement dispensé de première main
tout ce qu'il avait exhumé la veille. Tant il est vrai
que sous la surveillance de Lemarchand, la bibliothèque municipale est devenue l'arsenal et le labo-
ratoire de la Revue d'Anjou. L'histoire de la Revue
d'Anjou se lie à celle de notre bibliothèque au point
que son origine se confond avec la date de l'adjudication du cabinet Grille. Jusque-là ce merveilleux
réservoir de science, entr'ouvert seulement avec
hésitation et comme à la dérobée à de rares adeptes,
était demeuré pour le public un impénétrable mys-
tère. Aussi, durant toute la première moitié de
notre siècle, et malgré l'importance originaire de
notre dépôt communal, avions-nous vécu dans la
pénurie de ces documents complets et d'un intérêt
suivi qui seuls assurent aux revues de province une
vitalité spéciale et de longue haleine ; et de là cette
précarité du généreux mais imprévoyant essai de la
Gerbe [1]. Mais à peine la fleur du cabinet Grille eut-
elle passé du Palais des Marchands au Logis-Barrault, qu'en 1852, et avec l'assistance de M. Adolphe
Lachèse, M. Léon Cosnier, qui s'est acquis par
cette initiative un des plus beaux titres d'honneur,
recourut à MM. Marchegay et Lemarchand, comme
aux deux érudits les plus versés dans les nouvelles

[1] Revue annuelle fondée par mon père avec quelques amis
en 1834, imprimée par mon grand-père, et qui après trois
livraisons est tombée dès 1835.

richesses bibliographiques enlevées par eux sous le feu des enchères, à l'effet de les exploiter de suite sous la forme durable d'une publication mensuelle à la fois historique et littéraire. Aussi, et principalement sous le patronage de M. de Falloux [1], qui s'inscrivit en tête des collaborateurs recrutés par les actives démarches de M. Cosnier, naquit notre Revue d'Anjou encore aujourd'hui florissante, car encore aujourd'hui s'y maintiennent judicieusement les traditions inaugurées par son groupe originaire de fondateurs, où Lemarchand représenta l'élément de jeunesse et d'inspiration. Et même ses valeureuses aptitudes, renforcées de sa compétence de bibliothécaire, s'accusèrent si vite aux yeux de ses collègues, qu'en 1857 ils lui conférèrent à lui seul la direction effective. Notre ami en assuma résolument le fardeau pendant dix ans [2], en dépit de la

[1] Sans compter les patronages officiels exercés par voie de souscription et de propagande, à savoir : le Conseil général ; le Conseil municipal ; l'Institut (abonnements Chevreul, de Falloux et Lenormand) ; l'Évêché (Mgr Angebault), et les Bibliothèques publiques (Nantes).

[2] En défalquant une abdication momentanée de trois ans (1860-1863) qui coïncide avec la dernière phase de l'absorbante préparation de son Catalogue des manuscrits. Même pour cet interrègne il avait pourvu à son remplacement, en concourant avec M. Cosnier à la formation du Comité formé de MM. Sorin, Boutros, Camille Bourcier, Eugène Poitou, mon père et l'abbé Bodaire. — Revue de l'Anjou et du Maine, t. I, Avant-propos et p. 6. — Revue de l'Anjou, t. I (1863) : A nos lecteurs. — Eod., t. VII (1872) : A nos lecteurs. — Correspondance Lemarchand : Dossiers de Falloux, La Sicotière et contre-partie d'id. ; Berger, dom Piolin. — Cartons de mon père : correspondance Lemarchand. — Renseignements de M. Cosnier.

rude concurrence de l'Album du Maine et de l'Anjou et de la Revue de Bretagne ; et il y inaugura son règne par l'élargissement du cadre de ce qui dès lors prit le nom de *Revue de l'Anjou et du Maine*[1], par des affirmations d'orthodoxie jusque-là refoulées en regard de l'hétérogénéité du conseil primitif[2], et par la recrudescence du levain littéraire.

Mais tant qu'à remonter jusqu'aux origines de la Revue d'Anjou, et en l'envisageant d'abord par l'adhérence à la bibliothèque, nous y voyons Lemarchand ouvrir sa période de direction avec la série de ses catalogues. Nous l'y voyons échelonner depuis l'avant-propos jusqu'à nos plus récentes livraisons, comme autant de jalons pour nos historiens, les insertions fondamentales de l'Histoire d'Anjou de Barthélemy Roger et du Journal de Louvet, des Chroniques de Guillaume Oudin et du Registre du Présidial, de l'Histoire de l'Université de Rangeard et de la Notre-Dame Angevine de Grandet[3]. Nous l'y avons vu encore servir au fur et

---

[1] Sans exclure la Touraine.

[2] M. Marchegay était protestant.

[3] Ajoutons-y, pour apprécier la force du courant ainsi établi, l'insertion actuelle du registre de Brossier, si judicieusement annoté par Eugène Lelong. — Lemarchand avait annoncé (et à cet égard nous ne pouvons que nous en rapporter aux décisions de l'excellent directeur actuel) les insertions non encore réalisées de dom Housseau, de dom Jarno, de Claude Ménard, de Bruneau de Tartifume, d'Arthaud, de Pétrineau des Noulis, de dom Huynes, de Pocquet de Livonnière, de Touraille, de Bernard de Saumur, de Toussaint Grille, sans compter les autres insertions simplement projetées. — En ce qui est des insertions déjà réalisées, à part même leur exploitation générale, elles ont eu en partie leur emploi spécial, à

à mesure des exhumations archéologiques les titres primordiaux qui s'y réfèrent [1]. En fait de contingent personnel, lui-même, aux yeux des rédacteurs payant d'exemple, et menant de front dans sa bibliothèque le classement, la manifestation et l'emploi, il s'en va de ci et de là couver à la hâte ses propres délibations. Il en surgit plus d'une lumineuse notice historique, où décidément le catéchumène de l'abbé Jules Morel et des moines de Solesme, qui en défrayant sa Revue le confirment dans l'ultramontanisme ; où, dis-je, notre bénédictin-ligueur érige sa Revue en croisade au service des principes qu'en 1850, et du haut de sa chaire d'histoire de l'école de Saint-Sauveur, il avait professés avec non moins d'éclat que de franchise. « L'his-

savoir : le journal de Louvet dans *la Réforme et la Ligue en Anjou*, de M. Mourin, dans les *Saint-Offange* de mon père et dans mon travail actuellement poursuivi sur *la guerre entre Louis XIII et Marie de Médicis* (1619-1620) ; le Registre du Présidial dans *la Fronde en Anjou*, de M. Berger. — La Chronique de Guillaume Oudin attend encore et aura quelque jour son utilisation, nous l'espérons, dans une histoire de *la Ligue du bien public en Anjou*. — Revue de l'Anjou et du Maine (1852). — Revue de l'Anjou et de Maine-et-Loire : *Barthélemy Roger*. — Revue de l'Anjou et du Maine. *Extrait d'un manuscrit de messire Guillaume Oudin*, t. I (1857), pp. 1-129. — Eod., *Journal de Jehan Louvet*, année 1854, t. I, p. 257 ; t. II, pp. 129 et 257. Année 1855, t. I, pp. 1, 129 et 257 ; t. II, pp. 1, 129 et 257. Année 1856, t. I, pp. 1, 129 et 285 ; t. II, pp. 1 et 3. — Revue de l'Anjou et du Maine ; *Registre du siège présidial d'Angers* (1649-1782) ; t. II (1858), p. 238, t. V (1859), pp. 290 et 353. — Revue de l'Anjou et de Maine-et-Loire, t. I (1861), p. 1. — Revue de l'Anjou : *Histoire de l'Université*, de Rangeard, *passim*, et *Notre-Dame Angevine*, de Grandet, eod., *passim*.

[1] Revue de l'Anjou et du Maine, t. II (1858) : Chronique, pp. 185-187.

« toire, » y disait-il à la distribution des prix de
1851, « est... une école de vertu, *magistra vitæ...*
« Mais pour que l'histoire renferme d'utiles ensei-
« gnements, il faut qu'elle soit fidèle et courageuse,
« *ne quid falsi audeat, ne quid veri non audeat...* » Ici
s'ouvre l'énumération des sophismes de cette école
historique que Joseph de Maistre qualifie d'une
conspiration de deux siècles contre la vérité, et qui de
Machiavel à Vico a régné jusqu'à Gibbon, Michelet
et Sismondi. En regard défile cette série d'athlètes
qui l'ont détrônée sous les nom de Schlégel, de
Voigt et de Hurter, de Rorhbacher, d'Ozanam et de
Balmès. « En résumé, » poursuit le professeur, « il
« n'y a qu'une méthode pour étudier l'histoire. Ce
« n'est pas, comme on le prétend quelquefois, à
« titre de moyen impartial et sûr, de partir du doute
« cartésien et de se mettre à la recherche des faits
« avec la raison seule pour guide. Lorsqu'une auto-
« rité légitime a déposé dans notre âme un ensei-
« gnement divin, anéantir les clartés de cet ensei-
« gnement, sous le prétexte d'une plus grande
« liberté de direction, c'est ressembler à un homme
« qui éteindrait la torche de son guide pour mieux
« régler ses pas à travers les méandres des cata-
« combes. L'unique et vraie méthode c'est toujours
« celle de Bossuet : regarder le genre humain des
« hauteurs du Sinaï et du Calvaire, à la lueur du
« flambeau de l'Église, et confronter toutes ses
« œuvres avec les types immuables de l'éternelle
« justice et de l'éternelle beauté [1]. »

[1] *Discours prononcé à la distribution des prix de l'École préparatoire de Saint-Sauveur, le 3 août 1851 (Cosnier et Lachèse).*

Sous le bénéfice de ces principes, Lemarchand, armé de pied en cap, s'établit aux bastions les plus avancés du dogme, en déployant l'étendard de l'Évangile et du Vatican et en saluant en ces termes l'apparition de la Revue des Questions historiques : « Cette publication date d'une année à peine ; mais « que de terrain elle a déjà nettoyé ! Nous la recom- « mandons à tous ceux qui ont besoin d'éclaircisse- « ments sur la pragmatique de saint Louis ou sur « le droit du Seigneur, sur la mission de Jeanne « d'Arc et sur la condamnation de Galilée, sur la « guerre des Albigeois et sur la Saint-Barthélemy. « Ils sauront à quoi s'en tenir sur une foule de « déclamations qui sont devenues très monotones « sans cesser d'être dangereuses [1]. » Et là-dessus il s'élance au plus fort de la mêlée, où on l'a vu tour à tour lacérer la Pragmatique sanction [3], pourfendre l'auréole du gallican pape des Halles [2] ou du jansé- niste Henri Arnauld [4], ou flageller les écarts du libéralisme ou les révoltes du rationalisme [5] ou les extravagances du Saint-Simonisme angevin [6].

Entendons-nous bien. Un jour lui-même nous a dit : « Nous approuvons le bien même chez nos

[1] Revue de l'Anjou, 1re année (1867), t. I, p. 278.

[2] Revue de l'Anjou et de Maine-et-Loire, 11e partie, t. I et II 1852 : *Saint Louis en Anjou*, pp. 468-469.

[3] Revue de l'Anjou et du Maine, 3e série, t. VI (1863), pp. 239-240-243.

[4] Revue de l'Anjou et du Maine, t. I (1857), p. 125 ; t. II (1858), pp. 355-368 ; t. III, pp. 113-115, 204-205-263. — Cor- respondance Lemarchand : dossiers Piolin (dom) et Guéranger (dom).

[5] Revue de l'Anjou et du Maine, t. II (1858), pp. 64 et 250.

[6] Revue de l'Anjou, nouvelle série, t. I (1881), pp. 7 et suiv.

« adversaires les plus déterminés ; nous rejetons le
« mal, en prenant pour guides notre conscience et
« les décisions du Souverain Pontife, et nous nous
« efforcerons de n'apporter jamais ni une perfidie
« dans nos discussions, ni une complaisance dans
« nos éloges : *ibi abscondita est fortitudo...* » Et plus
loin : « Quand il nous arrivera de confondre dans
« un même blâme les bonnes et les mauvaises con-
« ceptions de notre âge, ce sera par impétuosité de
« caractère, croyez-le bien, non par préméditation
« ou système [1]. »

En conformité de ces déclarations, même en
rompant en visière avec ses adversaires, et cela sans
nul souci des tactiques de complaisance envers de
précieux collaborateurs ou des publications paral-
lèles, notre ami ne cesse de tenir loyalement vis-à-
vis d'eux, et tant qu'il n'aperçoit pas en jeu une
doctrine formellement réprouvée par l'Église, sa
revue sur le pied d'une lice ouverte. Tout en les
avertissant qu'ils y seront contredits, il y accueille
toutes leurs thèses, sauf à leur susciter dans ce
même champ clos ou à leur fournir lui-même la
réplique. Car il « ne distingue pas entre le droit de
« décliner la responsabilité d'un article et celui de
« le réfuter. Avons-nous, » dit-il, « contracté l'en-
« gagement de ne combattre aucune des opinions
« que nous... laissons la liberté d'exprimer dans
« notre recueil ? L'affirmer, ce serait exiger de nous
« une abdication sans dignité. » Seulement, quand

[1] Revue de l'Anjou, 2ᵉ année, t. I, 4ᵉ livraison, novembre
1868, pp. 318-320.

Lemarchand entre en scène, il ne se départit jamais de la parfaite civilité, et condescend, là comme partout ailleurs, à toutes les susceptibilités. S'il se borne à introduire un soutenant de sa doctrine, sans qu'à cet égard ses préférences de doctrine influent sur la priorité des insertions, à peine voit-il le débat s'envenimer qu'il impose silence [1]. Que de fois à la bibliothèque deux rivaux, acharnés sur la même table à accumuler des fluides contraires, ont vu en sortant leur querelle s'assoupir sur le palier du vestibule [2] !

Mais le plus souvent c'est Lemarchand en personne qui descend dans l'arène ; et alors nous ne voulons pour juge de sa courtoisie que le chef de ce libéralisme qu'il a tant de fois anathématisé, et qui lui-même a pratiqué au suprême degré la diplomatie dans la controverse. Voici comment M. de Falloux remercie Lemarchand de son article sur Mᵐᵉ Swetchine, où ce même Lemarchand qui avait jadis applaudi à sa courageuse apologie de saint Pie V, aujourd'hui sermonne un peu l'illustre éditeur sur les abus de ce que sa sainte amie lui a inoculé en fait de tolérance chrétienne : « J'ai lu « votre belle étude avec avidité, et je veux que vous

[1] Revue de l'Anjou et du Maine, t. I (1857), p. 125 ; t. II (1858), pp. 355-358, et an. 1868, chronique, pp. 318-320 ; t. III (1858), chronique, pp. 113 et 115 ; 187-198 ; 311-316 ; 204-205 ; 263.

[2] Ajoutons que, plus d'une fois, Lemarchand s'est largement refusé à des démarches qui auraient modifié le caractère de sa Revue : elle est toujours demeurée sous ses mains une revue catholique, historique et littéraire.

« en ayez pour preuve un remerciement courrier
« par courrier. Peu d'esprits se sont appliqués au-
« tant que le vôtre à pénétrer celui de Mme Swet-
« chine, et peu y auront mieux réussi. Ne concluez
« pas de là que j'adhère sans réserve à toutes vos
« malices contre les catholiques libéraux, mais je
« reconnais de grand cœur et avec beaucoup de gra-
« titude que nulle part vous n'avez excédé votre
« droit... Encore quelques années et peut-être
« vous-même, cher Monsieur, à votre grande sur-
« prise, vous retrouverez dans votre cœur et dans
« votre esprit quelques traces de votre petit com-
« merce avec Mme Swetchine ; je crois que ce sera
« une de vos récompenses. Mais je ne veux pas trop
« vous le prédire, car ce serait retarder le dernier
« progrès qui vous reste à faire [1]. »

Du tempérament dont nous avons connu Lemarchand, nous ne le pouvons supposer passant au
catholicisme libéral, même sur les exhortations de
M. de Falloux. Que dis-je ? Il suffisait que M. de
Falloux l'entreprît pour qu'il se regimbât contre ses
essais de prosélytisme. L'académicien doublé de
l'homme d'État est trop fin connaisseur des hommes
pour s'y tromper. Aussi se borne-t-il à glisser avec
enjouement sur ce chapitre, en exprimant l'espoir de
la conversion de notre ami avec beaucoup moins de
sincérité qu'il ne loue sa littérature. Restons-en sur
cette dernière marque d'estime. Elle émane de celui

[1] Revue de l'Anjou et du Maine, t. IV (1859) ; Bulletin bibliographique, *Histoire de saint Pie V*, par M. le comte de Falloux,
3° édition, pp. 127-128. — Correspondance Lemarchand :
dossier Falloux.

qui fut au palais Mazarin le digne collègue de Villemain, en même temps que son concitoyen dans notre Athènes angevine ; de celui qui, tout en ouvrant à Lemarchand l'accès de la bibliothèque et tout en y amenant à lui ses hôtes du Bourg-d'Iré, l'avait apprécié dans la direction de sa revue bien avant de goûter son article sur Mme Swetchine.

C'est que Lemarchand savait tenir une plume. Depuis son établissement au Logis-Barrault et dans l'alternance de ses élucubrations de bibliothécaire et de ses agissements de directeur de revue, en lui s'étaient développées d'heureuses qualités d'écrivain. Il le dut sans doute à ses vastes lectures, et peut-être aussi à ses premières accointances littéraires. Car on s'est demandé si, dans l'intimité où mon père fut si heureux de l'accueillir, en y devisant avec lui des beaux jours du Cénacle d'Hugo et de Sainte-Beuve, il ne lui en a pas un peu transmis les effluves. Quoi qu'il en soit, Lemarchand fit ses premières preuves littéraires d'un peu longue haleine dans son étude de la Revue d'Anjou sur *Saint Louis en Anjou*, qui est, à notre avis, le plus complet spécimen de son talent d'historien, et où, à propos de la fondation du château d'Angers, il nous relate avec autant de lucidité que de nerf les péripéties de l'orageuse régence de Blanche de Castille[1].

---

[1] Tout en généralisant par là l'histoire du château d'Angers, Lemarchand y a rattaché la production des vrais titres, exhumés par lui de la Bibliothèque d'Angers, et plus tard signalés dans le Catalogue des manuscrits : 1º de la fondation, par Geoffroy Martel, de la collégiale de Saint-Laud ;

Mais en sa qualité d'historien, Lemarchand allie au talent d'exposition non seulement le courage, mais l'art de la controverse, quand lui-même descend dans l'arène des polémiques pour y rompre une lance. En 1867, à l'Académie, M. de Falloux, dans son éloge d'un lauréat du prix Monthyon de Saint-Florent-le-Vieil, fut amené à rappeler le cri de miséricorde qui a immortalisé l'agonie de Bonchamps. Aussitôt l'Opinion Nationale et le Phare de la Loire s'inscrivirent en faux contre l'authenticité du « Grâce aux prisonniers ! », en alléguant que le pathétique épisode relaté par tous les historiens royalistes n'est qu'une généreuse fiction conçue par le républicain Haudaudine pour sauver la vie de Mme de Bonchamp traduite devant le tribunal révolutionnaire de Nantes. Là-dessus éclata une protestation de M. le comte Ferdinand de Bouillé, petit-fils du général vendéen, qui la réitéra même après la réplique du Phare de la Loire par l'organe de Jules Claretie. Dans cette campagne, on avait de part et d'autre combattu sans fournir de preuves décisives. Aussi le litige en était demeuré là, et le public ému aspirait vainement à une solution, quand Lemarchand, sans se dissimuler les difficultés de sa

2° de la donation à cette collégiale, par le roi de Jérusalem Foulques V, du fragment de la Vraie-Croix, aujourd'hui si solennellement vénéré sous le nom de *Vraie-Croix de Saint-Laud ;* 3° de la translation de la collégiale de Geoffroy Martel à l'église Saint-Germain, en remplacement de laquelle s'élève aujourd'hui l'église paroissiale de Saint-Laud. — Revue de l'Anjou et de Maine-et-Loire, 1re partie, t. I et II (1852), *Saint Louis en Anjou,* pp. 466, 467, 468. — Voir aussi notamment Catalogue des mss.. n° 681.

tâche, mais que sa préparation à l'Album vendéen avait d'avance armé pour la lutte, s'avança à titre de champion du héros martyr avec un faisceau compact de documents aussi impartiaux qu'authentiques ; et son ferme plaidoyer fut le signal d'une réintégration de Bonchamp dans la souveraineté de son prestige [3].

Mais dans la Revue d'Anjou et sous la direction de Lemarchand, avons-nous dit, l'histoire attire à elle la littérature. Or c'est là que son style, malheureusement jusqu'à la fin toujours entaché d'afféterie, et dont il n'a jamais su pleinement fondre l'étoffe, peu à peu cependant s'anime et se colore, au point de se prêter avec une flexibilité quotidienne à la critique de littérature et d'art. Et si tant est que mon père, en séide d'Hugo, de Delacroix et de David, ait été pour un peu dans l'éducation intellectuelle de notre ami et dans l'éveil de ses enthousiasmes, ce serait à l'endroit même où l'orthodoxie de Rome et de Solesme confine au romantisme de Châteaubriand et de l'Hugo des Odes et Ballades et de la Légende des Siècles. C'est pour ainsi dire au point de vue d'une esthétique à la Montalembert et comme à travers les ogives d'une cathédrale, qu'il a perçu les miniatures de sa bibliothèque. C'est sous cette impression que dans sa revue il apprécie

[2] Revue de l'Anjou, 1re année, t. I (1867), chronique, pp. 272-274. — Revue de l'Anjou, t. I (1867), *Bonchamp et les prisonniers de Saint-Florent-le-Vieil*, pp. 250, 278, 283, 285 et suiv. — Eod., 1re année, t. II (1868), pp. 249-230. — Eod., 3e année (1869), t. I, 2e livraison (août), *Essai sur la Terreur en Anjou*, de M. Camille Bourcier, p. 111.

la poésie et l'art avec autant de sagacité que de
franchise, sans banalité ni routine, depuis les plus
shakespeariennes audaces jusqu'aux plus exquises
délicatesses du mysticisme. A cet égard, dans la
critique littéraire, le morceau capital de Lemarchand
est sans contredit son étude sur le vertueux et viru-
lent poète ligueur Jean Lemasle, qu'il nous a servi
comme une primeur des exhumations du cabinet
Grille, et dont l'ode sur l'assassinat des Guise peut
s'inscrire en réplique aux tirades d'Agrippa d'Aubi-
gné sur la Saint-Barthélemy ; Jean Lemasle qui,
dans le groupe angevin de la pléiade lyrique du
xvie siècle, figure avec honneur au-dessous de
Joachim du Bellay, entre Pierre Leloyer et Baïf[1].
Dans la critique d'art, signalons aussi l'étude sur *les
Fresques de l'hospice Sainte-Marie*[2], que peut-être ne
désavouerait pas Gustave Planche ; et l'article, ici
amicalement applaudi, sur *les Artistes de l'Anjou au
Salon de 1859*[3].

---

[1] Revue de l'Anjou et de Maine-et-Loire, 1re partie, t. II
(1852), *Jean Lemasle, de Baugé*, pp. 126 et 132.

[2] Revue de l'Anjou et du Maine, t. II (1861), *Les Fresques
de l'Hospice de Sainte-Marie à Angers*, pp. 509-517.

[3] Revue de l'Anjou et du Maine, t. V (1869). *Les Artistes de
l'Anjou et du Maine au salon de 1859*, p. 196. — Mémoires de la
Société d'Agriculture, an. 1859, pp. 163-164. Signalons encore
ici, outre l'étude sur *la Correspondance de M*me *Swetchine*
(Revue de l'Anjou, 7e année. t. III, 1875), celle sur *la Critique
littéraire du roman et du théâtre contemporains*, par M. Eugène
Poitou (Revue de l'Anjou et du Maine, t. IV, 1859, pp. 174-
179) ; l'analyse d'une prédication de l'Avent à Saint-Maurice.
par l'abbé Bodaire (Revue de l'Anjou et du Maine, t. IV, 1859,
chronique, pp. 250-251) ; un compte-rendu des premiers cours
de l'Enseignement supérieur (Revue de l'Anjou et du Maine,

Pour en revenir à la littérature, à cet égard Lemarchand discernait trop bien le mérite des auteurs pour n'en pas tirer à la bibliothèque tout le parti possible au profit de sa revue. C'est là surtout qu'il recrutait la collaboration. C'est dans ce grand quartier-général de ses exploits intellectuels qu'après avoir sondé les aptitudes d'un chacun, et en déterminant par là souvent sa vocation littéraire, il lui fournissait le thème à féconder, lui ouvrait les sources et lui assignait les horizons. A cet égard, que de confidences n'ont pas reçu les couloirs de la salle de travail, où le garçon de service en quête du visa d'un bulletin, ou le brocanteur en pourparlers d'une négociation bibliographique, ou l'éditeur postulant pour un compte-rendu, se croisaient avec l'auteur impatient de s'épancher sur un embryon d'article! C'était au point que ces fameux couloirs étaient devenus, pour ainsi dire, les coulisses de la Revue d'Anjou. Même après la fermeture réglementaire, notre ami allait encore relancer les hôtes de la bibliothèque au cercle, sur les boulevards, aux dîners de ville et jusque dans la villégiature du lundi. Aussi, que de travaux issus de ces harcèlements sans merci, depuis les *Invasions anglaises en Anjou* et les *Saint-Offange* jusqu'au *Château de Milly-le-Mengon*, et depuis le *Voyage au pays de Marie* jusqu'à la *Peste noire en Anjou* [1]!

chronique, pp. 251-254, et en fait de notices nécrologiques celles consacrées à Villemain (doc. sup. cit.) et à Bordillon (Revue de l'Anjou, 1re année, t. I, 1857, pp. 145-146).

[1] En ce qui est de l'étude sur *La Peste noire en Anjou*, ajoutons que M. Marchegay y dut partager avec Lemarchand les

Bien entendu Lemarchand ne croit jamais en avoir assez dit en suggérant les travaux ; car à la bibliothèque c'est surtout pour les collaborateurs de la Revue qu'il était à la fois une clef et un guide. A cet égard, que ne lui doivent M. le prince Galitzin et M. de la Sicotière ; l'un pour son *Curé Benoît* et l'autre pour son *Curé Cantiteau*, en échange ou de ce qu'ils lui fournissent à lui-même de documents, ou de ce qu'ils lui suscitent de collaborateurs [1], ou de ce qu'ils lui assurent de propagande à Paris,

honneurs de l'initiative. — Enfin, à ce qui est du Dr Farge, il doit à Lemarchand la communication du mss. des *Comptes du Roi-René*, de Jean Legay, qui furent le point de départ de ses études sur les *médecins-apothicaires du XVe siècle* (Bulletin de la Société de médecine). — Signalons encore dans la Revue d'Anjou, la publication de l'ancien Prologue du 4e livre de Rabelais. (Revue de l'Anjou et du Maine, t. I, 1857, pp. 122-123), qui fut le résultat de discussions entre Lemarchand, le Dr Farge et Philippe Béclard. — Dans cette nomenclature nous omettons sciemment, entre autres, les études non encore entreprises sur les Invasions normandes en Anjou, sur le médecin Moreau, les châteaux de Pêchesenle, de Cazeaux, du Coudray-Montbault, de Coron, de la Tour-Landry, de Monriou, de la Guerche. — Cartons de mon père : Correspondance Lemarchand. — Renseignements oraux du Dr Farge. — Renseignements épistolaires de M. Berger. — Souvenirs personnels. — Revue d'Anjou, novembre 1860 : *Excursion dans le pays des Mauges, Jallais et la Chaperonnière.*

[1] Il n'est pas jusqu'à Villemain qui, à cet égard, n'ait promis à M. de la Sicotière son concours, et même préparé pour la Revue d'Anjou une étude, malheureusement demeurée à l'état de projet, sur Tanneguy Lefèvre. — De son côté le prince Galitzin tira d'Émile Deschamps des promesses de collaboration réalisées par l'envoi de sa poésie le Vaisseau-Fantôme (Revue d'Anjou et du Maine, p. 121), et tenta même de présenter au gracieux poète l'auteur en personne. Il recruta aussi le vicomte de Melun et M. Cochin.

dans l'Orne ou dans le Maine ! Que ne lui doivent MM. Mourin, Berger [1] et Camille Bourcier et nous-même pour la préparation de la Croisade, de la Ligue, de la Fronde et de la Terreur angevine ? Et dom Chamard, dont Lemarchand s'intitule à bon droit l'élève en fait de théologie, d'histoire ecclésiastique et de liturgie grégorienne, à force d'avoir provoqué sa pétulante érudition au grand profit des catalogues non moins que de la cause ultramontaine, en retour comme à la bibliothèque ses Saints Personnages, en partie insérés dans la Revue d'Anjou, s'enrichissent des éclaircissements sur Marbode, Geoffroy de Loistoir et l'évêque Jean Michel ! Précieux éclaircissements, qu'après l'heure de fermeture notre ami servait encore à son maître à la fois et à son convive, car alors une ingénieuse commensalité valait à dom Chamard comme un prolongement au Logis-Barrault de ses vocations bénédictines [2] !

Nous avons dit que, dès que la direction de la Revue d'Anjou se fut centralisée en ses mains, une

[1] Lemarchand éclaira surtout M. Berger sur le passage du cardinal de Retz en Anjou et notamment sur son séjour au château de la Jousselinière, qui avait été pour lui, dans son exploration en Vendée, et après le château de Beaupréau, un objet tout spécial d'études. Peut-être même cette étape du voyage en Vendée, où les consultations données à M. Berger furent-elles le point de départ de son projet d'une biographie du héros de la Fronde. — MM. Lemarchand et Marchegay ont encore activement secondé M. Berger dans la réunion des matériaux en vue de sa biographie du voyageur Volney.

[2] Correspondance Lemarchand : Dossiers Galitzin, de la Sicotière, Berger, dom Piolin et dom Chamard.

des premières sollicitudes de Lemarchand fut d'en
élargir le cadre en y incorporant sa patrie originaire du Maine. En cela le haut patronage de
M. de Falloux et le naturel intermédiaire d'un frère
établi comme magistrat dans la Sarthe [1], lui assu-
rèrent de deux côtés divers la précieuse assistance
du prince Galitzin et de M. de la Sicotière. C'est
là ce qui valut à la Revue d'Anjou, avec leur propre
collaboration où s'adjoignit celle de M. d'Ozouville
et de l'abbé Lochet, l'affluent de l'abbaye de Solesme
avec d'excellents articles sur l'hagiographie et
la littérature du Maine et le château de Bon-
nétable [2].

Lemarchand lui-même, partout suivi des préoc-
cupations de sa revue, avec son ouverture de coup
d'œil en recule chaque année les perspectives de
toute l'étendue de ses lointaines échappées de
vacances; soit que ses tournées de famille l'égarent
dans les bocages de Montreuil-Bellay ou sur la
lisière de la forêt de Perseigne, soit que de très
anciennes aspirations le poussent vers les grèves
de la Vendée et de la Bretagne. Car on sent à
l'allure fringante et au visage assuré de Lemar-

---

[1] M. Marcelin Lemarchand, qui était alors juge de paix à
la Fresnaye, chef-lieu de canton de la Sarthe, situé aux
environs d'Alençon et presque sur la lisière de la forêt de
Perseigne. Il passa de là au poste de Mayet et finalement à
celui de Montmirail, où, durant ma judicature de Mamers,
j'ai pu, avec mes collègues, apprécier en lui dans nos relations
de service un excellent magistrat.

[2] Revue de l'Anjou et du Maine, *passim*. — Dossiers La
Sicotière, d'Ozonville. — Renseignements de M. de La
Sicotière.

chand qu'il n'a pas arpenté toujours le parquet
d'une salle de travail, ni de tout temps toisé les
rayons d'une bibliothèque. Nous en attestons jus
tement cette Revue d'Anjou, où les souvenirs de ses
velléités d'une vocation maritime ont pris place
sous forme d'un journal de sa traversée à Saint-
Domingue. Et la même brise qui à seize ans l'avait
emporté vers les Antilles, à trente ans de là et sur
le quai de Saint-Malo (j'en fus le témoin) semble
encore l'agiter. Car dans sa chronique de rentrée de
la livraison de 1869 éclate tout à coup entre deux
comptes rendus de bibliographie cette frissonnante
réminiscence : « A Saint-Malo, parmi les navires
« de toute dimension et de toute voilure qui se
« pressaient dans le port, il y avait un trois-mâts
« en partance pour l'Amérique du Sud. Je suis
« resté longtemps à l'examiner de la poupe à la
« proue, des vergues aux sabords, et Dieu sait dans
« quel monde de rêveries cette étude a jeté ma
« pensée. Tout à coup les matelots se sont mis à
« chanter, en hissant je ne sais quelles voiles, un
« de ces *alohès* étranges et plaintifs que connaissent
« seuls les gens de mer, et qui allègent les cœurs
« autant qu'ils soutiennent l'effort des bras. Que
« signifie ce chant? La plupart des paroles qui
« arrivaient à mes oreilles étaient inintelligibles
« pour moi, mais l'air exprimait comme un adieu
« mêlé de prière et de vagues appréhensions.
« Déploie tes voiles, ô hardi vaisseau, répondait-
« on tout bas au chœur des marins, et fasse le Ciel
« qu'aucune tempête ne s'abatte sur ta frêle mâture.
« Mais dût l'orage t'atteindre et te blesser, je ne

« saurais gémir sur ta destinée [1]. » Lemarchand estime trop heureux le navire s'élançant vers les Antilles, même à travers des menaces de naufrage, pour ne pas lui-même tressaillir à chaque veille de vacances. Et en effet dès qu'a sonné pour lui l'heure de la liberté, reconnaîtriez-vous jamais le bénédictin de la veille en ce voyageur armé d'un bâton et d'une longue-vue, et qui avec sa cargaison de carnets et son herbier en sautoir, d'un pied si délibéré secoue la poussière de ses incunables ? Avec ses avidités d'explorations et de récoltes, où qu'il aille sa route sera marquée par des jaillissements de motifs. Aborde-t-il aux pieds du féerique donjon de Montreuil-Bellay, à part même ce que la bibliothèque lui vient d'apprendre sur le long siège soutenu par Giraud-Berlay contre le roi Foulques, et sur l'exil et les repentirs de Mme de Longueville, il y recueille la burlesque légende de l'*Abbé dans l'eau*, ou les tragiques souvenirs du poète Charles Dovalle. Puis il aiguise ses crayons devant la porte bordée de Saint-Jean, qui sous les réverbérations d'un soleil d'Afrique, à ses yeux se transforme en une arcade mauresque. Tout à coup viennent à passer l'ingénieux naturaliste Toussenel, qui lui livre ses secrets sur l'*Esprit des bêtes*, et le docteur Farge, qu'il investit de la biographie du médecin Moreau tout en le questionnant sur les explorations géologiques des calcaires du Thouet [2].

[1] Revue de l'Anjou, 2e partie, t. III (1869), chronique, p. 105.
[2] Cartons de mon père : correspondance Lemarchand.

L'année suivante il va planter sa tente en pleine forêt de Perseigne, là où la juridiction du prétoire fraternel de la Fresnaye confine aux étapes archéologiques de M. de la Sicotière ; et un jour ses pérégrinations l'ont amené jusqu'au manoir de la Tournerie. C'était le sombre gîte du fameux ligueur du Hartray de néfaste mémoire, de ce sacripan-ravageur qui fut à la fois le don Juan et le Gilles de Retz du Maine, et vers qui Lemarchand se sentait un peu attiré par sa parenté avec nos Saint-Offange. Tout aux alentours il lui suffit de battre les buissons pour y réveiller l'ombre du sinistre *croqueur*. Mais aussitôt les gardes effarés de détaler ; car ils croient l'entendre *revenir*, non plus au bruit du cor qu'il devait de son vivant sonner sur son passage, afin que les métayers pussent se blottir en d'impénétrables refuges, mais au craquement d'un os broyé sous la dent d'un dogue. Et en fuyant, non sans jeter sur le fantôme attaché à leurs trousses une goutte d'eau bénite qui seule conjure ses poursuites, du seuil du presbytère de la Fresnaye ils désignent à notre touriste ébahi la trace d'une main sanglante, à l'endroit du mur où le sire de Hartray s'appuya en tombant, sous le coup de l'arquebuse d'un paysan outragé dans son honneur conjugal [1].

Mais il nous tarde de voir l'ancien navigateur des Antilles s'abattre sur les côtes de l'Océan. Non certes à la façon commune ! car il voyage à la Georges Sand. Il fuit la banalité des hôtels et des

[1] Eod. — Revue de l'Anjou, 2e année, t. III (1860), pp. 390-392.

casinos. Il se détourne de la falaise mutilée par la macadamisation, ou du bourg où il a entrevu la noce vulgaire d'une fille de paludier se prélassant dans un fiacre comme en pleine cour de la mairie d'Angers. Ce qu'il est venu chercher du Pouliguen au Bourg-de-Batz, ou de l'Ile-d'Yeu à Noirmoutiers, ou de Saint-Malo au cap Frehel, c'est la virginité des aspects d'une crique déserte, avec la cordiale hospitalité d'une cahute de caboteur. De ce campement il évolue à travers les anfractuosités des rocs ou les ondulations des dunes avec l'intempérance d'un échappé de collège, sauf à en rapporter dès le premier jour une migraine de réaction, contractée sous les torréfactions de la canicule. En revanche son herbier regorge d'immortelles, d'œillets roses et de chardons bleus, qu'au retour il étalera devant ses confrères de la Société Linnéenne. En revanche aussi ses albums foisonnent de vigoureux croquis de récifs ou de plages, où dans la diversité infinie de ses assimilations il s'est inspiré de son compagnon de route Tancrède Abraham. Et le lendemain, dans l'intervalle de détente, passeront sur ses calepins les légendes locales tombées des lèvres du curé ou de l'instituteur, et qu'il recueille dans le creux d'une roche, en aspirant les senteurs du goëmon, ou en écoutant le cri des mouettes qui tournoient sur les vagues écumantes, tandis qu'au large passent les voiles hissées au chant de l'alohès.

Et puis les surprises et les rencontres se poursuivent. Au Pouliguen c'est le colloque avec Louis Veuillot, cet hôte assidu du château d'Egrigny, que notre ami entretient de l'abbé Morel, et qui le confirme dans l'ultramontanisme. A Saint-Malo c'est la visite de notre touriste bibliothécaire à un collègue trop mortellement ennuyé de sa solitude, contrastant avec les accaparements du Logis-Barrault, pour ne l'accueillir pas à bras ouverts ; et de là la communication d'une correspondance inédite de Voltaire datée du rocher de Sésambre. En face de ce même rocher de Sésambre, et en cela sans doute moins inspiré par le rictus classique de l'auteur de Zaïre que par la vue du tombeau de Châteaubriand, un jour Lemarchand s'avise de jeter au vent de la marée les tirades les plus flamboyantes du poète-académicien Leconte-Delisle. Tout à coup derrière lui le motif se poursuit, et en se retournant Lemarchand aperçoit et il aborde l'auteur en personne [1].

Lesté de cette profusion de souvenirs, et surtout des souvenirs moissonnés sur les côtes de la Manche qui de plus en plus l'attire, Lemarchand chaque année s'en revient propager parmi nous ses prédilections de voyage. Aussi un beau jour le voilà se reacheminant sur Saint-Malo avec toute une caravane angevine. Ensemble ils fouillent le littoral qui s'étend de la Rance au cap Fréhel. De plage en plage leur expédition les amène enfin à une vaste échancrure semée de récifs et de ruines, où les villages n'ont point de nom, les dunes point de chalets et les grèves point de cabanes. C'en est assez pour y fixer notre ami avec toute son escouade ; et au bout d'une semaine la baie de Saint-Briac s'est

---

[1] Eod. — Souvenirs personnels.

transformée en une colonie d'exploitation littéraire
au bénéfice de la *Revue d'Anjou*. Voici qu'en effet
le touriste-directeur procède sur toute la ligne à la
distribution des motifs. A l'un le roman historique
de ce château du Guildo, perdu au fond de l'anse
où le flux la baigne, et où jadis l'infortuné captif
Gilles II de Bretagne expia si cruellement l'hymen,
envié par la calomnie, avec la belle Françoise de
Dinan. A d'autres d'ouvrir les archives de Saint-
Briac. Car là revivent ces alternatives de terreur et
de joie dont retentit le littoral, au débarquement de
cette flotte anglaise qui, en pleine guerre de Sept
ans et en 1758 y promena ses ravages, avant de se
disperser sous le cap voisin où s'éternise le souvenir
de la victoire navale de Saint-Cast. A d'autres
encore d'épeler l'épitaphe des vieilles tombes de
Saint-Lunaire, ou de reconstituer la monographie
du monastère de Saint-Jacut. A cet autre enfin, qui
pour ses débuts littéraires eût dû répondre à l'appel,
l'attachante perspective du manoir du Val, qu'om-
brage une futaie druidique parmi les tintements de
la *pierre sonnante*, au sommet de la colline faisant
face au Guildo. Car là vécut et soupira le poète
Hippolyte de la Morvonnais, cet hôte et ce Pylade
de Maurice de Guérin.

Plutôt que de faillir à l'appel, un autre compagnon
de route, l'ami du cénacle et l'auteur des illustrations
du catalogue des manuscrits, au besoin eût pris les
devants. Du moins mon père n'a pas plutôt trahi
« dans les plis de la dune où elle enfermait sa
beauté » la plus riche des fleurs convoitées par le
directeur-botaniste, qu'à son adresse il rumine déjà

le sonnet sur *la Chlore imperfoliée*, ainsi qu'il avait fait devant les *Vitæ sanctorum* la poésie de la *Cigogne*. Et, quand sonne l'expiration des congés de la bibliothèque, le survivant des deux voyageurs, qu'obsède le souvenir de celui dont il suit encore « les pas ineffacés sur l'or de la grève ; » le survivant affligé, qui « ne ressaisit plus que son ombre sur la pointe des ras, » se console en groupant dans une ode qui suivra de près le sonnet sur la *Chlore imperfoliée*, à la fois les réminiscences de tout ce qu'à eux deux ils ont contemplé d'aspects, depuis le majestueux promontoire de la Garde-Guérin jusqu'à l'étrange bouquet d'ormeaux de Saint-Jacut, et depuis le hameau enfumé du Port-Hue jusqu'à cet îlot d'où s'élève sur un fond de soleil couchant la solennelle tour des Ebbiens [1].

Ici on se demandera si, au point de vue des lecteurs de la Revue, d'aussi individuelles allusions ne semblent pas un peu glissées dans l'oreille ; et si sous cette forme mystérieuse elles auront impunément franchi un cercle restreint d'initiés. On le pourrait du moins craindre, si Lemarchand n'eût été dans la fréquentation de ses collaborateurs

[1] De toutes ces suggestions de Lemarchand une seule d'ailleurs a reçu sa réalisation dans la notice de M. Anthoine sur Saint-Briac. - Cartons de mon père : correspondance Lemarchand, et contre-partie d'id. — Souvenirs personnels. — Revue de l'Anjou, 6e année, t. III (1869) : Chronique, pp. 483-484. — Eod., 2e année, t. IV (1869), Saint-Briac, par M. Anthoine, professeur d'histoire au Lycée. — *Nunc et semper*, à Albert Lemarchand, et *la Chlore imperfoliée*, à A. Lemarchand, par Victor Pavie. Revue de l'Anjou. — *Passim*, et *OEuvres choisies*, Victor Pavie : *Poésies*, pp 449 et 437.

aussi répandu que pénétrant ; si pour mieux dire, et à l'envisager en une nouvelle complexité d'aspects, en lui ne s'étaient développés parallèlement l'homme du monde et l'intime ami. C'est en vertu de cette double qualité qu'en accueillant les confidences littéraires du foyer et de la charmille, il y appliquait sans merci, et d'ailleurs avec l'assurance d'une docilité à toute épreuve, le diapason des exigences du public ; et qu'à mesure qu'à ses yeux se déroulaient, dans le tête-à-tête avec celui dont l'imagination colorait ses souvenirs, les plus insaisissables ébauches, il en précisait les contours avant d'en refréner les audaces.

Avec ce tact exercé et aussi avec son art de démêler sous les tâtonnements du style la vraie pensée de l'auteur, quoi d'étonnant si Lemarchand s'assura sur toute la collaboration l'autorité d'un Aristarque ! Il n'était personne qui, de sa meilleure grâce, ne lui donnât carte blanche pour la correction de son manuscrit ou de son épreuve ; et en retirant de ses mains l'épreuve ou le manuscrit, en général on s'inclinait partout où avait passé le crayon rouge. Et quand les insertions à l'origine les plus criblées de ratures et de surcharges se groupaient finalement en un tirage à part, l'auteur sollicitait vite de son inflexible Zoïle, qui lui-même l'avait poussé à l'apparition du volume et lui signalait là-dessus les favorables verdicts du public et des revues, le compte rendu de la chronique. Il s'en acquittait toujours avec un dévouement en rapport direct avec les sévérités préliminaires, et en coryphée d'autant

plus résolu qu'il avait été d'abord un âpre censeur.
Il y mettait une chaleur d'amitié à braver, en regard
du public une fois satisfait dans ses légitimes exigences, tout soupçon de camaraderie. Et certes nul
des collaborateurs n'eût pu se plaindre de le voir
dans sa revue avec tant d'insistance prôner un
ami. Amis, ils le lui étaient tous plus ou moins ;
et à ce titre leur était acquise à tous, au moment
venu, la même bienveillance. D'autant plus que
chaque applaudissement décerné à chaque auteur,
dont il avait suivi l'œuvre depuis sa germination
jusqu'au tirage de l'exemplaire dont la bibliothèque
s'enrichissait après l'avoir inspirée, à la fois lui
était une récompense et un stimulant. Ainsi se per-
pétuait entre la bibliothèque et les salons, et du
salon à la villégiature et d'une plage à l'autre, la
vie d'une Revue dont Lemarchand, en cela d'ailleurs aujourd'hui si bien représenté, fut à la fois
le principe et le renouvellement, la lumière et le
nerf, l'âme et la règle [1].

III

Avec sa vitalité d'initiatives, alliée à la largeur
des fécondations et à la prestesse des mises en
œuvre, Lemarchand était bien de force à résumer
à lui tout seul les destinées d'une entreprise litté-

[1] Correspondance Lemarchand : dossier Berger. — Souvenirs personnels.

raire. Et d'ailleurs à toutes les issues de la bibliothèque, il semble qu'il ne se pouvait ouvrir chaque
jour trop de déversoirs aux débordements de son
érudition. A cet égard, et à part même l'essentiel
débouché de la Revue d'Anjou, ce n'était pas assez
pour lui ni de l'Album du Maine et de l'Anjou, ni
du Bulletin monumental, ni des Annales de la
Société d'Agriculture ou de la Société Linnéenne.
Il lui fallait encore se personnifier dans une œuvre
qui fût toute à lui, et où à la fois il eût la première
et la dernière main. De là, et parallèlement à tant
d'autres entreprises locales, la publication de
l'*Album Vendéen*, conçu au point de rencontre de mille
opportunités d'occurrences et d'aptitudes. Vers la
date de 1850 le grand épisode de la Vendée militaire
n'avait encore fait l'objet d'aucun essai de préparation à une histoire en règle. Tout ce qui s'était
amassé là-dessus depuis un demi siècle en fait de
mémoires, de procès-verbaux et de panégyriques,
appelait une refonte avec des exhumations de bibliothèques ou de chartriers et des traditions locales.
De là seulement pouvait surgir un tableau récapi-
tulatif qui servît à la fois à l'histoire angevine de
résumé et de point de départ, un tableau où les con-
tinuateurs de l'œuvre de Mme de la Rochejacquelin
et de Crétineau-Joly se recueillissent avant de
s'é'ancer vers une réalisation définitive ; un tableau
qui, à cet effet, leur offrît un rajeunissement d'informations en un cadre élargi. Car le soldat de Cathelineau et de la Rochejacquelin ne se pouvait isoler
de la perspective des monuments associés à son
épopée dans la solidarité des désastres. Il le fallait

adosser aux manoirs et aux clochers à l'ombre desquels il eût souhaité mourir, et dont l'incendie avait éclaté comme l'auréole de son martyre. Or précisément, vers cette date de 1850, au Logis-Barrault et sous les yeux du successeur des deux Grille, les cartulaires hiératiques du génovéfain de l'abbaye de Ham confluaient aux actuelles délibations du chroniqueur du *1er bataillon des volontaires de Maine-et-Loire* érigé en directeur du Ministère des Beaux-Arts. Vers 1850 et en Vendée, sous le bénéfice d'une pacification trentenaire, les châteaux calcinés au passage des colonnes infernales livraient en sécurité leurs archives. Aux alentours et sur ses guérets ensanglantés, la génération octogénaire des vétérans de quatre-vingt-treize, encore debout mais inclinée déjà vers la tombe, gardait dans une solennelle amnistie et sous de glorieuses cicatrices toute sa naïveté de souvenirs. Et pour aller à la hâte enlever d'un hameau à l'autre d'aussi vivants témoignages, sauf à les contrôler le lendemain dans ses recognitions de bibliothécaire, Lemarchand pouvait pratiquer, avec sa vieille expérience de conducteur des ponts et chaussées, la voirie récemment ouverte du gouvernement de Juillet, qui lui facilitait sa prompte exploration du Bocage sans s'être encore ramifiée au point d'en éventer les mystères.

C'est à cette heure si propice que le futur colonisateur de la baie de Saint-Briac s'achemina de son pas le plus ingambe vers les fourrés du pays des Mauges, de ce berceau consacré de la croisade vendéenne. Il s'y aventurait en pleine ferveur catholique, dans toute sa juvénilité de touriste et dans toute sa soif d'érudition. Il y marchait aussi en ami encore moins répandu que suivi, sous l'escorte de deux sagaces éclaireurs, le Dʳ Farge et Philippe Béclard. A eux trois, et non sans le concours du dessinateur Drake préposé à l'illustration de l'album projeté et qui s'en est si heureusement tiré, Dieu sait tout ce qu'ils ont butiné de récits et de légendes, de dates et de généalogies : ici feuilletant l'armorial du château ou le registre du presbytère, ou relevant l'inscription commémorative d'une chapelle ou d'une croix de carrefour ou l'épitaphe d'un mausolée ; et là, interrogeant le paysan sur le soc de sa charrue ou dans l'émondage d'une souche ; ou interpellant la fileuse au talus d'un chemin creux ou dans les veillées de la métairie ; ou surprenant dans les sinuosités d'un vallon de l'Èvre ou de la Moine les tristes échos d'une chanson de pâtre [1].

Grâce à cette intimité de pénétration, le voyage de Vendée eut vite porté ses fruits. Peu après le retour de nos trois amis et de 1856 à 1860, apparaissait en effet, sous le nom modeste d'*Album Vendéen*, et sous l'unique signature et aussi sous l'unique rédaction de Lemarchand, une œuvre enlevée sans précipitation et aussi palpitante que rétrospective, aussi religieuse et aussi aristocratique que populaire ; une œuvre à la fois d'enthousiasme et

---

[1] Lemarchand recueillit notamment la tradition du chêne de Villedieu non encore converti en chapelle. — Renseignements oraux du Dʳ Farge. — Annales de la Société linnéenne, *passim*.

de justice, de science et de vulgarisation, d'opportunité et d'équilibre, de contrastes et d'harmonies. On y voit s'accuser dans l'unité d'un même drame et se fondre en une atmosphère d'apaisement le Vendéen et le Mayençais, les Mauges et la Galerne, le Bocage et le Marais, les chouanneries du Maine et de la Normandie [1], la Loire, le Layon et la Sèvre. Et si de ce panorama général nous descendons sur chaque champ de bataille, l'auteur nous le découpe en une notice à la fois substantielle, animée et leste, avec un égal souci de la précision stratégique et de la couleur locale, et en y relevant en fait de couleur locale autant de traits de mœurs que d'aspects [2]. Et de ce champ de bataille se détache toujours au premier plan, sur son fond de

[1] C'est aux insinuations de M. de La Sicotière, si puissantes auprès de notre ami, que nous devons l'introduction dans l'Album vendéen de la Chouannerie normande, si héroïquement représentée par Frotté, et qui eut un si pittoresque théâtre dans les châteaux de Flers et de Couterne.

[2] Les Vendéens savent bien s'y reconnaître, ainsi que l'avoue à Lemarchand le Choletais dom Chamard : « Je vous « remercie de votre travail sur Jallais. » [Il s'agit d'un tirage à part d'un développement de la notice sur Jallais de l'Album vendéen, inséré dans la Revue de l'Anjou et de Maine-et-Loire, 1re année de la 3e série, t. II, 1861, sous le titre de : *Excursion dans le pays des Mauges, Jallais et la Chaperonnière*]. « En deux mots vous avez admirablement bien dépeint notre « pays et nos compatriotes. « Le pays des Mauges, dites-vous « [reproduction textuelle de l'Album vendéen], ne peut être « assimilé ni à la Bretagne, ni à la Cornouaille, ni à l'Écosse, « et cependant il rappelle ces trois derniers refuges de l'in-« dépendance celtique par la mélancolie de ses aspects, par « l'âpre beauté de quelques-uns de ses sites ; par le caractère « à la fois doux et fier de ses habitants ». Ceci est la Vendée « et les Vendéens tels que je les sens au fond de mon âme. »

dolmens, d'abbayes ou de ponts-levis, l'événement topique qui l'a consacré. Car ce que l'auteur y a groupé d'évocations adhérentes mais subordonnées rehausse au lieu d'atténuer le motif principal. Par exemple à Saumur, l'ombre de Foulques Nerra ne surgit que comme pour sourire à l'élan victorieux de Cathelineau ; de même qu'à Tiffauges le spectre de Gilles de Retz s'efface devant le rayonnement de Kléber. Et ni à Beaupréau les frasques du héros de la Fronde traqué par Mazarin jusque dans le boudoir de Marguerite de Gondi, ni à Saint-Florent les vénérables traditions du Mont-Glonc et du Marillais, ne priment les angoisses du passage de la Loire, ni les déchirements de l'agonie de Lescure, ni le retentissement auguste du « Grâce aux prisonniers [1]. »

IV

Ni à Saint-Florent, ni à Beaupréau, ni à Tiffauges, Lemarchand d'ailleurs, ainsi que nous avons vu, ne cheminait seul. Car, avec sa sociabilité d'investigations, il vivait autant par les amis que par les cartulaires et les chroniques. Soit à la bibliothèque, pour lui toujours peuplée de visages familiers, soit aux champs ou à la mer, où il n'avait

[1] Album vendéen (Lainé, 1856-1860), *passim*. — Correspondance Lemarchand : Dossier Sicotière (de la) ; et contrepartie d'id.

jamais sur lui assez de carnets, il s'abreuvait sans cesse à des sources aussi vivantes que lointaines. Avec lui c'étaient autant d'interpellations que de dépouillements, autant de colloques que de lectures. Et c'est avec une confiance absolue, fondée sur une réciprocité sans bornes, qu'à toute heure et en tous lieux, et dans l'intimité et dans le monde, il puisait à même la clientèle du Logis-Barrault et de la Revue d'Anjou, à même les compagnons d'étude et de voyage, les collègues et les convives. Ainsi s'étendait chaque jour avec les affinités sociales son champ d'assimilations, où ingénuement cet homme doué d'encore moins de ressort que de malléabilité, se proclamait autant de maîtres que d'amis. Et en effet, n'est-ce pas au grand jour qu'il endossait le catholicisme de l'abbé Morel ; au grand jour que tour à tour, avec ce qui s'alliait en lui de netteté polytechnicienne et de libre imagination, pour ainsi dire il empruntait à M. Marchegay la paléographie, à dom Chamard la théologie ou l'histoire, à M. Aimé de Soland l'archéologie et la botanique [1], et plus ou moins à mon père et à Tancrède Abraham la littérature et l'art ? A cet égard, et grâce à sa diffusion sociale, Lemarchand avait surtout beau jeu, par exemple, dans les soirées littéraires de la très distinguée baronne du Prat [2], et dans les réunions fondées plus tard par mon

---

[1] En maintes pérégrinations à travers le Saumurois, en société de mon père. — Renseignements de M. Aimé de Soland.

[2] Renseignements de M. Cosnier.

père sous la devise *Étude et foi* [1]. Mais, Messieurs, nulle part à la fois son avidité et sa puissance d'encyclopédie n'évolua si régulièrement que dans la périodicité de nos séances. De bonne heure il y prit rang dans la phalange religieuse et romantique que représentaient alors mon père et M. Godard-Faultrier, en contraste avec le groupe classique du respectable vice-président M. Courtiller. Avec cette physionomie plus tranchée là que partout ailleurs, et comme s'il n'eût eu à défrayer simultanément ni une Revue d'Anjou, ni un Bulletin monumental, ni les Albums de l'Anjou, du Maine et de la Vendée, on voit Lemarchand multiplier ses communications, servies au jour le jour et toujours à l'heure voulue. Ainsi c'est à l'apogée du règne de notre grand évêque, et partant dans la plénitude de notre floraison catholique, qu'il nous montre le Saint-Siège, en la personne du pape Urbain II et au cours de la prédication en Anjou de la première croisade, inaugurant peut-être, au dimanche quadragésimal de Lætare et à l'adresse du comte angevin Foulques Réchin, sa gratification annuelle de la *Rose d'or* [2].

[1] Les principaux membres de cette association littéraire furent : MM. Farge, Philippe Bellanger, Philippe Béclard, Belleuvre, Meauzé, et les abbés Morel et Bodaire ; sans compter l'assistance momentanée de M. Oppert de Blowitz, correspondant du *Times*.

[2] Mémoires de la Société d'agriculture, sciences et arts, 3e série, t. XXVII (1885). *La Rose d'or en Anjou,* p. 19. — L'Etude de Lemarchand sur la gratification, par Urbain II, de la Rose d'or en faveur de Foulques Réchin avait été d'ailleurs précédée d'une monographie plus étendue d'un M. Julien sur les *Roses bénites,* où il les envisageait dans leur

Et quand la vieille cathédrale où, au xie siècle, avait circulé processionnellement cette rose d'or eut en retour à s'adapter, sous l'épiscopat de Mgr Angedault, à une remise en vigueur de la liturgie romaine, Lemarchand nous en offre une description antérieure aux modifications architecturales du xviie siècle [1]. Et tandis qu'en vue de la même œuvres restauratrice son catalogue des manuscrits désigne aux bénédictins de Solesme les antiphonaires grégoriens, voici son travail sur la *Musique des Juifs*, qui figure comme pendant à celui du Dr Guépin sur la Flore d'Horace. Avec son *Psalterium Davidicum*, et avec l'aide de Vitruve, de dom Calmet et de Kircher, notre intarissable bibliothécaire y reconstitue ingénieusement toute la symphonie hébraïque, depuis le *Tympanum* résonnant triomphalement au passage de la mer Rouge jusqu'au *Kinnor* qui apaisait les fureurs de Saül, et depuis le *Psalterium* dont David s'accompagnait en dansant devant l'arche, jusqu'aux *Organa* qu'à Babylone les Israélites captifs suspendaient douloureusement aux saules de l'Euphrate [2].

symbolisme, leur forme et le cérémonial liturgique de leur remise (voir Bulletin monumental, t. III et IV, 1857, pp. 227 et 278 ; et en outre aux *Réceptions et galas*, p. 136). Mais le travail de Lemarchand porta surtout sur la prérogative qu'il attribue à Foulques Réchin d'avoir été le premier prince honoré de cette faveur papale.

[1] Mémoires de la Société d'agriculture, 3e série, t. I (1858) : *La Cathédrale d'Angers, en 1699*, 3e série, t. I (1859), p. 219.

[2] Les instruments du *Psalterium Davidicum* avaient été déjà annotés par Mabillon, puis reproduits par Coussmacker (*Histoire des instruments de musique au moyen âge*). A son

Et si nous franchissons le domaine de la poésie
sacrée de Jérusalem et de Rome, à peine en France
s'est décrétée officiellement la publication de tous
nos poèmes inédits, que de la bibliothèque nous en
arrive un du xv⁰ siècle que goûte Villemain. et
qui peut figurer auprès des ballades d'Alain
Chartier ou des chansons du duc d'Orléans [1]. Et

tour, plus tard, et sur la demande de M. Comte, directeur
des bâtiments civils au Ministère des Beaux-Arts, M. Jules
Dauban, ancien conservateur de notre Musée, en adressa une
reproduction (due à M. Houdayer) à M. Ernest Desjardins,
membre de l'Académie des Inscriptions, qui la déposa sur le
bureau de l'Académie des Beaux-Arts, en sa séance du 3 novembre 1883. Dès la séance suivante, elle fit l'objet d'un rapport du célèbre pianiste et compositeur Saint-Saëns, qui y
prit acte en même temps, au nom de Lemarchand, de l'an-
tériorité de sa publication (1ᵉʳ décembre). M. Saint-Saëns lui-
même, quelques jours après, vint à Angers examiner de ses
propres yeux les originaux des dessins communiqués à ses
collègues. — Mémoires de la Société d'agriculture : *Note sur
quelques instruments de la musique des Hébreux, d'après un
manuscrit du IX⁰ siècle,* 2⁰ série, t. IV, p. 51. — Catalogue
des mss., n° 14. — Correspondance Lemarchand: Dossier Saint-
Saëns. — Renseignements de M. Delaborde, secrétaire de l'Académie des Beaux-Arts, qui nous les a si gracieusement communiqués par l'intermédiaire de notre excellent ami, Anatole
Langlois. — Autres renseignements de MM. Dauban et Houdayer.

[1] Il est extrait du volumineux Recueil intitulé : *De Etymo-
logia nominum gallicorum,* et est signé *Jean Petit.* Ne serait-ce
point le célèbre docteur de l'Université qui, en 1407, entre-
prit de justifier *ex cathedra,* le meurtre du duc d'Orléans ? —
Le rapporteur de cette communication, M. Adolphe Lachèse,
avait signalé en présence de Villemain, qui lui-même en fut
frappé, l'analogie probablement fortuite dudit poème avec le
poème célèbre de Legouvé, sur *le Mérite des femmes.* Il y

toujours sous l'œil de Villemain, en passant à une autre extrémité des littératures du monde, à la faveur du grand mouvement de linguistique inauguré au Collège de France par l'illustre Burnouf, mais toujours en passant et en revenant par la bibliothèque qui semble ne l'avoir reçu des mains du récent traducteur angevin Foucaux que pour nous le servir, c'est l'analyse du poème thibétain de Çakia-Mouni, avec ce qui s'y décèle des corrélations du bouddhisme avec l'évangile [1].

Ici d'ailleurs, et tout comme à la Revue d'Anjou, Lemarchand tour à tour déverse et stimule. Ainsi lorsqu'en 1858, et par une suite donnée à l'initiative de mon grand-père, notre préfet M. Vallon fonda pour nous le prix de 500 francs, c'est Lemarchand qui, après avoir mesuré les délais et délimité le champ du concours littéraire; c'est Lemarchand qui, avant d'en acclamer les lauréats sous la présidence de M. de Falloux [2], en suggère ou en arrête le pro-

avait trouvé jusqu'à la pensée première de ce vers tant de fois cité :

Tombe aux pieds de ce sexe à qui tu dois le jour.

Mémoires de la Société d'agriculture, 3e série, t. 1 : *Un poème inédit du XVe siècle*; et eod., procès-verbal de la séance du 9 juillet 1858.

[1] Eod., 3e série, t. 1 : *Sur l'histoire de Cakia-Mouni, traduite du Thibétain, par M. Edouard Foucaux*, et procès-verbal de la séance du 28 juillet 1858.

[2] On n'a pas oublié que les deux lauréats de ce concours furent : M. Godard-Faultrier, pour les *Mémoires sur les monuments gallo-romains de l'Anjou*; 2° M. Bonnemère, pour sa *Notice sur Châteaugontier*.

gramme, en désignant comme sujets d'études ou l'introduction du christianisme dans l'Anjou et la Touraine, car dom Chamard vient de publier les Saints Personnages ; ou le préambule d'un dictionnaire des localités mentionnées dans nos Archives, car demain paraîtra le catalogue des manuscrits ; ou encore les vitraux de notre cathédrale, dont lui-même ou plutôt dont la bibliothèque fournit l'ancien plan à l'appui de la monographie de Mgr Barbier de Montault et en pleine restauration de la liturgie de Rome ; ou enfin, à l'heure où germent à grand'peine nos biographies locales, celles du curé Benoît, du diplomate Hercule de Charnacé ou de l'illustre Mme Dacier[1]. Et puis, en passant de nos séances générales au sein de la Commission archéologique, où il partage avec Philippe Béclard les honneurs de la vice-présidence, Lemarchand y recommande les églises de Chalonnes, de Tiercé et de Fontaine-Guérin, la chapelle des Ardilliers et les châteaux de la Jousselinière et d'Oyron[2]. Et en s'arrêtant avec M. Godard-Faultrier devant les écussons blasonnés de l'église du Lion-d'Angers pour les interpréter avec les armoriaux de sa bibliothèque, à ce sujet il

[1] Eod., t. I (1858), procès-verbaux des séances, 17 novembre 1858. — Rapport sur les Mémoires présentés au Concours de 1858, pp. 29 et 31. — Eod., séance du 26 mai 1858. — Eod., t. II (1859), compte-rendu de la séance publique du 21 février 1859, pp. 79-80, 82. — Eod., t. V (1853) : *Note sur René Benoît*, etc., pp. 237-238. — Eod., nouvelle période, t. XVIII : *Le comte de Falloux à la Société d'agriculture, sciences et arts d'Angers*, p. 317. — Revue de l'Anjou et du Maine, t. II (1858) : Chronique.

[2] Commission archéologique, 28 mars, p. 101 ; 28 octobre 1853, p. 109.

rappelle les riches enseignements de la science héraldique [1].

En voilà pour bien des séances. Mais là même où Lemarchand n'a pas fertilisé l'ordre du jour, il régit ou achemine la discussion. Par exemple, un jour M. Godard-Faultrier lut une note concernant l'évêque d'Angers Audoin, où il le disculpait d'une imputation d'ivrognerie élevée contre lui par le malicieux Bodin, sur la foi d'un texte mal interprété de Grégoire de Tours, dont M. Godard rectifiait le sens à la décharge du prélat. La note fut renvoyée à une Commission dont le rapporteur, Philippe Béclard, se prononça contre la version de Guizot, qu'au contraire soutint énergiquement M. Sorin père ; et l'on voit d'ici le *grammatici certant*. Mais voilà que Lemarchand, édifié de longue date par dom Chamard sur le texte en litige, non seulement se lève pour appuyer avec son indépendance d'amitié le système de MM. Godard et Sorin ; mais ce n'est pas tout pour le croisé et le ligueur de la Revue d'Anjou, pressé de dégager la querelle de ses indispensables préliminaires de syntaxe. A ses yeux la mémoire outragée de l'évêque Audoin crie vengeance. Aussi sur sa proposition s'élabore en sa faveur, en vue du prochain volume de nos Annales, un verdict formel d'absolution [2].

[1] *Notes sur les armoiries découvertes dans l'église du Lion-d'Angers*, lues a MM. les membres de la Commission archéologique d'Angers, dans la séance du 5 novembre 1852. (Maine-et-Loire, 12 novembre 1852.)

[2] Mémoires de la Société d'agriculture. 3e série, t. I. Procès-verbaux des séances, 17 février et 17 mars 1858. — Correspondance Lemarchand : Dossier Chamard (dom).

C'est bien à celui qui avait à ce degré sustenté et vivifié nos séances à nous en retracer la physionomie. Aussi de bonne heure, en décembre 1857, échut ici à Lemarchand, avec le titre de secrétaire, la tenue de nos procès-verbaux[1]. Il s'en acquitta comme il avait fait de la chronique ou du bulletin de la Revue d'Anjou, que souvent d'ailleurs il défrayait du récit de nos fêtes littéraires, autant que des éphémérides de la bibliothèque. Chez nous c'est toujours la même rédaction forte, limpide et nuancée. Et à cet égard le meilleur spécimen à offrir, ce nous semble, est le procès-verbal de la séance du 1er avril 1859. Ce jour-là notre Société s'était souvenue, ainsi qu'elle le fait toujours en temps utile, et comme, après mon grand-père, le lui avait recommandé le président Sorin, en invoquant le *cecini pascua, rura, duces* de Virgile, d'être avant tout *d'agriculture*. Aussi, à cette date du 1er avril 1859, s'était agité entre nous l'un des plus graves et des plus actuels problèmes de l'économie politique, en une brillante discussion où s'engagèrent MM. Farge, Allain-Targé père et fils, Tavernier et de Mieulle, sur la question du libre-échange des céréales. Ici nous sommes aussi loin des codex de la bibliothèque que des gennetières de la Vendée ou des grèves de la Bretagne. Et cependant, en ouvrant nos Annales à la date de cette grave délibération, on y retrouve

---

[1] Il les garda jusqu'au 22 décembre 1859, où la Société dut accepter sa démission avec de vifs regrets dont elle a consigné la teneur aux termes du procès-verbal de la séance en date de ce même jour.

notre homme universel dans la netteté et l'appropriation de son procès-verbal [1].

Mais au gré des événements qui ont marqué l'ère
du secrétariat de Lemarchand, le ton de ses procès-
verbaux se diversifie et s'élève ; et c'est avec une
agilité à toute épreuve qu'il passe d'un débat sur le
tarif de nos mercuriales foraines à la solennité d'une
séance présidée par Villemain. Là c'est encore un
tout autre monde. Non que notre Quintilien dédai-
gnât la première des attributions officielles de sa
présidence d'honneur, en une enceinte où il avait
salué l'Anjou de cette exclamation : « Salve, magna
parens frugum, saturnia tellus ! » Mais aux yeux de
Villemain nos sollicitudes rurales ne pouvaient
avoir ici un plus noble organe que dans son collègue
du Bourg-d'Iré, non moins jaloux des médailles des
comices agricoles que des palmes académiques. Lui
au contraire était trop citadin pour avoir jamais
observé une charrue ailleurs que dans les Géor-
giques ; et Lemarchand lui-même ne l'a-t-il pas sur-
pris dans une illusion de pleine campagne à la seule
vue du jardin qui nous sépare de la bibliothèque [2] ?
Car Villemain n'avait qu'à traverser le Jardin fruitier pour passer du Logis-Barrault et de l'abbaye
Toussaint à notre studieux pavillon, qu'il aperce-
vait même des fenêtres de la bibliothèque. Aussi,
après nous l'avoir évoqué là dans ses propres galeries, Lemarchand, au lendemain d'une des séances

Eod., 2ᵉ série, t. II (1859). Procès-verbaux des séances,
1ᵉʳ avril 1859.
Revue de l'Anjou, 1ʳᵉ année, t. VI (1879) et Bulletin.

consacrées ici par son passage, n'avait qu'à nous
rééditer son profil en un renversement de perspective, et avec le monopole des affinités. Et en effet,
si la ferveur d'un culte héréditaire et si d'intimes
fréquentations d'atelier devant des modèles qui
s'appelaient Rossini ou Gœthe conviaient mon père
au panégyrique de David ; si la grâce et l'aménité
prédestinaient M. Cosnier à l'éloge de M. de Falloux ; en revanche, le goût et l'esprit dans la science
attachaient Lemarchand au brillant conférencier de
la Sorbonne, alléché par le catalogue des manuscrits, et que notre ami avait su électriser en lui
ouvrant les trésors du cabinet Grille. Aussi, et à
part même ses attributions positives, c'eût été naturellement à Lemarchand de nous introduire son
hôte du Logis-Barrault dans cette séance mémorable du 26 juin 1859, où M. Courtiller accueillit
Villemain avec l'opportune réminiscence cicéro-
nienne de l'*hæc studia rusticantur*. — « Oui, *rusticantur*, » réplique Villemain en relançant la citation,
non sans désigner du geste, sous « la rosace ébré-
chée au vent de l'aquilon », le jardin « tout frémis-
sant des ailes des abeilles [1] », ce jardin dont il eût
fait volontiers son Tusculum et son Tibur. Puis
tout à coup (car pour nous deux séances mémo-
rables se confondent en une seule), tout à coup se
détachant de ce florissant décor, au bruit du canon
de Magenta et de Solférino : « L'historien d'Ale-
« xandre, » poursuit-il en élevant la voix et en

---

[1] La *Bienvenue*, charmante poésie d'Adrien Maillard, com-
posée à l'adresse de Villemain, et lue dans la même séance.

dardant sa flamme, « l'historien d'Alexandre dit, en
« parlant d'Abdolonyme, qu'occupé des soins de son
« jardin, le descendant des anciens rois de Sidon
« n'entendait pas le bruit des armes qui retentissait
« dans toute l'Asie ; *intentusque operi diurno strepi-*
« *tum armorum qui totam Asiam concusserat non*
« *exaudiebat.* Nous ne pouvons, Messieurs, imiter
« cette indifférence, et rester sourds au bruit des
« combats dont l'Italie est en ce moment le théâtre.
« Pendant que nous continuons à nous livrer à nos
« paisibles études, les champs de bataille se couvrent
« de morts, et toute sérénité se trouble à cette pen-
« sée. Hier j'entrais dans votre cité sous l'impression
« pénible qu'avait produite en moi la nouvelle de la
« mort du brave colonel de Senneville, et aujour-
« d'hui je vous ai trouvés pleurant celle de l'intrépide
« Desmé. Qu'il me soit permis d'associer mes regrets
« aux vôtres : c'est presque un devoir pour celui
« qui s'honore d'être devenu votre concitoyen [1]. »

Suspendu aux lèvres de Villemain, à partir du
rajeunissement du *rusticantur* nous n'y avons suivi
cet éclair de patriotisme que parce que, d'une extrémité à l'autre du Jardin Fruitier, c'est toujours
Lemarchand qui nous le ressuscite. Et il nous le
ressuscite ici tout entier, depuis ses plus hautes
échappées oratoires jusque dans ses appréciations
si caractéristiques de nos travaux, en marquant

---

[1] Mémoires de la Société d'agriculture, 3ᵉ série, t. I, 9 juillet 1858. — Eod., t. II (1864 : Compte-rendu de la séance
publique tenue le 26 juin 1859, sous la présidence de
M. Villemain. — Souvenirs personnels de l'auteur, qui y assis-
tait et en a gardé l'écho.

toutes ses gradations d'éloges et de critiques. En ce qui est cependant des éloges, une lacune des procès-verbaux de Lemarchand se mesure à l'étendue de tout ce que sa modestie nous dérobe. Car ses plus intéressantes communications, à notre Société, il les a lues devant Villemain, mais durant son secrétariat. Heureusement nous savons par d'autres voies que les procès-verbaux, que Villemain goûta, par exemple, la notice sur *Beaupréau*, qui lui offrit un spécimen agrandi de l'Album Vendéen, et que la littérature de notre ami compta dans son regret de ne plus pouvoir nous l'enlever [1].

D'ailleurs la littérature de Lemarchand, de cet adepte de tous les cénacles angevins, revêtait autant de formes que son encyclopédie embrassait de domaines; et ce fut encore Villemain qui mit ce nouveau genre d'universalité à la plus soudaine épreuve. Un jour en effet l'auteur du Génie de Pindare se heurta chez nous à un ordre du jour en détresse. Non qu'à notre banquet littéraire eussent failli les plats de résistance : ils y figuraient avec une suffisance à sauver l'honneur d'un Caliban et d'un Vatel. Mais notre menu ne mentionnait aucun dessert. Aussi Villemain, avec un indicible geste de gourmet, et d'un gourmet qui fait autorité chez Brillat-Savarin [2] tout en régissant ailleurs les sommets du Parnasse, effleura du doigt ses lèvres en réclamant

[1] Eod., procès-verbaux des séances, 9 juillet 1838 — Œuvres choisies de Victor Pavie, Revenants : *Villemain*, p. 209.

[2] Brillat-Savarin le cite parmi les plus fins amateurs du turbot.

une poésie finale. Là-dessus Lemarchand exhiba la primeur d'un sonnet, et notre hôte put lever avec satisfaction la séance sur cette friandise de clôture [1].

C'est dans les réunions plus intimes d'*Etude et foi* que Lemarchand avait risqué les premiers essais des poésies [2] qu'ensuite il répartit alternativement avec sa prose entre la Revue d'Anjou et la Société d'Agriculture, avant de les sertir dans le volume des *Brindilles*. Si dans l'Album Vendéen, qui date d'une mûrissante jeunesse, on a toute sa sève montante d'érudition, en revanche les Brindilles, qu'il a publiées sur le retour [3], et à n'envisager que la date de leur apparition, éclatent comme un regain d'arrière-saison, ou mieux comme ce piquant phénomène d'une seconde floraison d'octobre. Dans l'atmosphère d'un Ménage ou d'un Casaubon, c'est comme un caprice inattendu de végétation émergeant d'une pile d'incunables [4]. Mais dans son incubation factice de bibliothèque, de salon ou de cénacle, la poésie des Brindilles est du moins toujours soutenue par ses tendances idéales ; et c'est ce qui lui a valu l'interprétation plastique qui la rehausse sous les noms de Lenepveu, de Dauban et de Tancrède Abraham. Lenepveu et Dauban, qui se

---

[1] Œuvres choisies de V. Pavie, éod., p. 205.

[2] Renseignements du Dr Farge.

[3] Vers la soixantaine.

Lemarchand d'ailleurs n'a pas eu, m'a-t-on affirmé, l'initiative de la publication des *Brindilles*.

souviennent de l'étude sur les Fresques de Sainte-
Marie ; et Tancrède Abraham, qui n'a oublié ni l'article sur les Angevins au Salon de 1859 ; ni tout ce
qu'en vue de ses Albums d'Angers et de Châteaugontier Lemarchand lui a fourni de notices et sus-
cité de collaborateurs [1] ! Aussi, à l'appel de celui qui
les avait si bien su apprécier et servir, ces éminents
artistes accourent en un rendez-vous d'amitié pour
le couronnement de sa vieillesse ; et de même que
le Catalogue des manuscrits avait eu, pour ainsi
dire, ses enluminures et l'Album Vendéen ses
estampes, les Brindilles eurent leurs eaux-fortes.
Et en vérité un Lenepveu ne pouvait que de très
bonne grâce enchàsser la perle de cet écrin. A nos
yeux, en effet, comme s'y détache avec un vrai bon-
heur d'inspiration et de rythme ce bondissant *Pan-
derillo,* avec la sonorité de ses grelots et le scintille-
ment de ses paillettes [2] !

V

Pour en revenir une dernière fois à Villemain,
nous n'avons pas encore épuisé tout le champ des

[1] Mon père fut un des collaborateurs. Il s'honora du concours que lui demanda M. Tancrède Abraham, et grâce à Lemarchand, il y gagna son amitié.

[2] *Brindilles,* prose et vers, par Albert Lemarchand, avec
dessins de MM. Lenepveu et Dauban, gravés par Dupré, et
quatre eaux-fortes de Tancrède Abraham. — Revue d'Anjou,
11e année, t. XXI (1878). Bulletin bibliographique, par
A. de V. — *Union de l'Ouest,* 21 février 1879, bibliographie :
Brindilles, par V. P...

7

affinités par où notre ami et lui s'éprenaient l'un de
l'autre ; car, dans ce champ d'affinités, au dilettantisme dans l'érudition se joignait l'éloquence dans
l'enseignement. Et chez Lemarchand nous sommes
trop habitués à la disparité et même au contraste
des aptitudes, pour nous étonner qu'en sa qualité de
fils d'un chef de pensionnat, et avec ce qu'il y avait
en lui d'équilibre entre l'absorption et le rayonnement, il ait allié à la puissance d'un organisateur
de bibliothèque et d'un fondateur de revue, le lustre
d'un conférencier. C'est en 1850 qu'à ce dernier
point de vue Lemarchand débuta dans une chaire
d'histoire à l'École préparatoire de Saint-Sauveur,
ouverte par l'abbé Piédor sous le récent bénéfice de
la loi Falloux. Là, tout ce que nous lui avons
entendu déjà émettre en fait de déclarations d'orthodoxie, il le soutint des ressources d'un savoir
déjà mûr, et qu'accompagnait une diction élégante
et facile [1]. Mais le sexe des élèves de l'abbé Piédor
n'eut pas tout le déploiement de ses aptitudes pro-
fessorales. En effet, à cet égard, une ancienne et
très chère amie de ma famille [2] avait vu jadis, chez
mon père, Lemarchand à l'œuvre en de remarquables
leçons privées qui d'ailleurs ont porté fruit (j'en
atteste mes souvenirs fraternels). Aussi lors-

----

[1] Son talent lui assura même, dans cette naissante mais
malheureusement très éphémère institution, un large crédit.
Il en usa noblement pour y introduire, avec l'entremise de
M. Cosnier et du Dr Renier, deux amis distingués, à savoir :
l'érudit précepteur Bedié comme professeur de langues, et le
peintre Alfred Ménard comme professeur de dessin. — Ren-
de M. l'abbé Picherit. — Cartons de mon père : Correspondance Lemarchand.

[2] Je regrette de n'être pas autorisé à la nommer.

qu'en 1864 Mlle Lesaulnier monta son pensionnat, Lemarchand, sur la vive recommandation de cet appréciateur d'élite, y fut promu à l'enseignement de la littérature, en même temps que l'abbé Bodaire à l'instruction religieuse et M. Gripon aux sciences[1]. « Eh quoi ! » se dut-on dire alors, parmi ceux qui n'envisageaient en Lemarchand que le bibliothécaire, « y pense-t-on ? Lemarchand professeur de littérature en un pensionnat de jeunes filles ! Passe encore chez des collégiens. Mais lui, le bénédictin à outrance, en contact direct et suivi avec la fleur d'un sexe ennemi des parchemins ! » Oh ! ne vous y trompez pas ! La bibliothèque, avons-nous dit, avait ses sorties sur presque autant de salons qu'elle comptait de travailleurs ; et dans ces mille tenants et aboutissants de son royaume, Lemarchand s'était imbu de la plus fine connaissance du monde. Il y paraît à ces réflexions que lui inspire le projet, formé à notre Lycée en 1867, d'ouvrir chez nous des cours d'enseignement secondaire à l'usage des jeunes filles :

« L'éducation des filles a des avantages qu'on ne
« doit pas se lasser de remettre en mémoire, puisqu'il
« y a toujours des égoïsmes ou des tyrannies qui
« s'obstinent à ne voir dans la femme qu'un être
« inférieur créé pour le divertissement de l'homme
« ou tout au plus pour... [son] service. D'abord

[1] Renseignements de Mlle Lesaulnier et de M. Affichard. — Lemarchand d'ailleurs s'est multiplié autant en leçons privées qu'en conférences publiques, dans les deux moitiés de la jeunesse angevine. En fait de jeunes gens, citons parmi l'élite de ses élèves, notre distingué bibliophile, Ernest de Villoutreys.

« l'instruction prémunit contre les périls du désœu-
« vrement. Une femme instruite ne saurait pas plus
« se plaire parmi ces oisifs qui, suivant l'expression
« de Châteaubriand, « s'en vont de tous côtés
« baillant leurs vies » et consumant les heures en
« conversations insignifiantes, qu'elle ne peut avoir
« de goût pour ces livres frivoles ou remplis de
« mauvaises aventures qui s'étalent aujourd'hui à
« toutes les vitrines des libraires. Un autre bienfait
« de l'instruction chez les femmes c'est de leur pré-
« parer les plus douces consolations pour les heures
« de tristesse, d'abandon, de défaillances, ou de
« changements opérés par le temps. La femme qui
« sait voit venir les années sans trop d'effroi, et
« quand le soir approche, elle a les ressources de
« son esprit cultivé, pour suppléer aux richesses
« éphémères des matinées évanouies. C'est là ce
« qu'exprimait si bien Mᵐᵉ de Sévigné : « Jeunesse
« et printemps, ce n'est que vert et toujours vert ;
« nous autres gens de l'automne, nous sommes de
« toutes les couleurs. » Ajoutons encore que les
« femmes instruites sont d'excellents auxiliaires
« pour mettre en déroute la plupart de ces idées
« fausses et de ces doctrines malsaines qui se
« glissent sans cesse dans les cercles les plus
« intimes. « Instruire une femme », a dit un de
« nos évêques, « c'est fonder une école. » Que de
« bévues historiques, en effet, et d'absurdes théories
« une femme de sens et d'esprit peut réfuter, à
« l'occasion, avec un petit nombre de connaissances
« fermes et précises ! On oppose à cela le danger
« d'exciter des imaginations déjà naturellement très
« vives. A ce compte, il ne faudrait pas même

« qu'une femme apprît à lire. Car il est hors de
« doute que la lecture est un stimulant de l'imagi-
« nation. Il y a quelque chose de plus dangereux,
« à notre avis, que de développer les facultés de
« l'âme, c'est de vouloir les étouffer sous le prétexte
« de les contenir [1]. »

Celui qui en 1868 s'exprimait avec cette sûreté
de tact sur l'éducation des jeunes filles était certes
un digne précepteur du jeune personnel de l'institution Lesaulnier ; de ces jeunes filles aussi éveillées
que dociles, dont il s'évertuait déjà depuis quatre
ans et sous la plus habile direction, à fortifier et à
embellir l'intelligence. A l'unanime applaudissement
des mères de famille, [2] Lemarchand, durant un professorat de dix années, déroula devant celles qu'elles
lui confiaient à l'envi tout le panorama des littératures, envisagé de ces mêmes hauteurs d'où il
avait d'abord enseigné l'histoire. A cet égard, et
toujours à l'école de Saint-Sauveur, voyez avec
quelle plénitude d'orthodoxie s'affirme son esthétique :

« On a souvent accusé l'Église d'être hostile au
« génie poétique, et d'arrêter son essor par la
« sévérité de sa morale. Il y a une poésie enivrante
« et corruptrice, que l'Église a combattue et com-

---

[1] Revue de l'Anjou, 1re année, t. II (1868). Chronique,
pp. 242-243.

[2] Les dames d'ailleurs n'applaudissaient pas seules ; et
je suis ici autorisé à signaler dans l'auditoire des conférences de Lemarchand quelques privilégiés qui les ont aussi
vivement que compétemment appréciées, à savoir : MM. Ar-
thur de Cumont, Eugène Poitou et Affichard.

« battra sans cesse énergiquement. Mais il en est
« une autre, mère des nobles élans et des géné-
« reuses pensées, qu'elle a toujours vu grandir près
« d'elle avec amour.. .. Non, la religion de Jésus-
« Christ n'étouffe pas la poésie, elle la transfigure,
« comme tout ce qu'elle touche de ses mains sacrées,
« et l'associe aux devoirs de sa mission terrestre.
« Elle l'honore et la respecte même dans les œuvres
« où l'erreur projette ses obscurités sur la pure ins-
« piration du poëte. car c'est d'elle, vous le savez,
« que les peuples modernes ont appris à bégayer
« les vers de Virgile et d'Homère.

« Appliquons-nous donc ardemment à nos
« études... littéraires ; pénétrons sans crainte dans
« les sombres nécropoles du passé ; réveillons et
« interrogeons nos plus lointains aïeux : mais ne
« troublons le silence des tombeaux que pour faire
« attester les gestes et les paroles de Dieu [1]. »

Ces nouvelles déclarations de notre ami, jointes
à ce que nous savons déjà de ses premières accointances sacerdotales et romantiques, nous édifient
sur l'ensemble de ses doctrines littéraires. A ses
yeux la Bible a le pas sur les classiques de la Grèce
et de Rome, le Moyen âge sur le paganisme et la
Renaissance. Partout il préfère la hardiesse et la
spontanéité à la culture, l'éclat au vernis, la puissance à la grâce. Autant, pour lui, la Bible l'emporte
sur Homère, autant Homère l'emporte sur Virgile,
le Dante sur le Tasse, Eschyle sur Sophocle comme
Sophocle sur Euripide, Shakespeare sur Corneille

---

[1] Discours, etc., p. 15.

comme Corneille sur Racine. Et en passant de la littérature à l'art, c'est toujours la priorité donnée à Michel-Ange sur Raphaël et à Beethoven sur Mozart.

Ces théories si accentuées, Lemarchand n'eut qu'à les transporter du collège Saint-Sauveur à l'institution Lesaulnier. Sous leur bénéfice, en se pliant là à la sage économie du temps dans son heure hebdomadaire, Lemarchand s'attacha littérairement à faire toucher du doigt à ses élèves les points culminants de toutes les civilisations, à tous les degrés de jeunesse, de maturité et de raffinement, depuis la Judée et la Grèce et Rome jusqu'à l'Inde. et depuis la Chanson de Roland et les Niebelungen, en passant par Bossuet et Mme de Sévigné, jusqu'aux lettres de Voltaire et aux Martyrs de Châteaubriand.

Et à cet effet Lemarchand usa de la plus libre méthode. « Sans doute », avouait-il à ses élèves, « dans l'enseignement de la littérature, il faut bien « tracer des règles à la jeunesse, et lui jalonner un « peu sa route. Mais dans le style classique on ne lui « montre pas assez les productions même du génie. « On impose, on dicte des jugements sur des œuvres « dont on ne montre que la surface ; ou on les offre « morcelées à travers des gloses abstraites, et partant fastidieuses. Un jeune cœur ne sait-il donc « pas sentir par lui-même ? ou, pour mieux dire, « jeunesse et poésie n'est-ce pas la même chose ? « De grâce effacez-vous un peu, Monsieur le péda-« gogue, afin de nous laisser voir Homère et Vir-« gile, Dante, Shakespeare ou Milton ! Vous les

« cachez toujours derrière vos piles de cahiers, et
« ne nous montrez jamais que votre barrette, vos
« lunettes et votre rabat. Voilà ce qu'entre condis-
« ciples nous nous redisions au collège ; et à mon
« tour je vous épargnerai les supplices que nous ont
« infligés maints docteurs.

« Arrière aussi ces procédés modernes d'ana-
« tomie au scalpel, appliqués à un poème qu'on
« démonte pièce par pièce, afin d'en observer de
« près le noyau, les ingrédients et les agglutina-
« tions. De tels procédés sont irrévérencieux pour
« le génie. Eh ! pourquoi ne laisser pas circuler
« devant vous librement tant de figures inspirées,
« surtout quand ces figures sont des personnages
« historiques ?

« Car on trouve souvent bien plus de vérités his-
« toriques chez les poètes que chez certains narra-
« teurs réputés des modèles d'érudition et de
« sagesse », observait Lemarchand en lisant à ses
élèves les adieux du Cid du Romancero à dom
Sanche mourant sous les murs de Zamora. « Ici
« l'on m'accusera de remplacer l'histoire par la
« légende. Mais c'est précisément ce à quoi je vise
« pour vous instruire, si l'on entend par légende le
« récit des grandes actions et des événements
« décisifs ; les traits de mœurs et de caractères.
« C'est là la poésie de l'histoire. L'histoire, elle est
« là bien plus que dans d'insipides manuels qu'on
« devrait proscrire des mains de l'enfance. Encore
« une fois l'enfance de l'homme aussi bien que l'en-
« fance des nations, doit s'écouler en pleine poésie.
« Et en fait de poésie et de littérature, il faut

« surprendre chaque œuvre dans ses palpitations et
« la suivre dans sa plénitude et son enchaînement.

« Les commentaires ! mais ils sont partout
« cachés, mesdemoiselles, sous le récit que je vous
« offre. Le commentaire, il est dans l'épisode, la
« pensée et l'image que je choisis, dans les situa-
« tions que j'indique, dans la lumière dont je les
« relie entre elles, dans une comparaison de l'une
« à l'autre. Il est dans mes articulations ou mes
« réticences, dans mes allusions ou mes parenthèses,
« dans les détails où j'insiste comme dans ceux où
« je glisse, ou que mon inflexion de voix souligne.
« Encore une fois, sans dénaturer les desseins du
« poète, je les réfléchis ou les résume à votre inten-
« tion propre. Élaguant les dissertations et les
« thèses, je vais droit à ce qui vous peut émouvoir
« en vous apprenant à vivre. A cet égard je n'aime
« point à commander. Tout ce que le texte renferme
« de leçons latentes, je le vous livre. Opérez là-
« dessus avec votre sagacité naturelle.

« Nous voici, par exemple, au cœur du poème des
« Niebelungen, et nous entrons chez la jeune prin-
« cesse bourguignonne Chrinehild, au moment où
« arrive un messager qu'elle interroge sur l'issue
« du combat livré aux ennemis de son royaume
« par son amant secret Sigefried. Écoutons le poète.
« Il nous raconte ici une scène qui peint les mœurs
« chevaleresques du moyen âge, et surtout la femme
« de tous les siècles et de tous les pays. C'est la
« grâce, la sensibilité et… je ne veux pas dire la dis-
« simulation — c'est un mot blessant —; ni l'adresse
« — c'est un terme équivoque —; ni la réserve —

« cela ne dit pas assez —. Non, la sensibilité et...
« Allons ! décidément je ne trouve pas ; et je n'ose,
« comme ferait sans hésiter l'une de vous, créer une
« expression. Devinez plutôt. »

Il faut croire que les jeunes filles devinèrent
l'imperceptible nuance proposée en énigme. Du
moins Lemarchand crut l'avoir prévu à l'expression
de leurs visages aussi transparents que mobiles,
et où avec une sollicitude paternelle il lisait aussi
couramment, ajoutons aussi curieusement que dans
le vélin jauni du Saxo Grammaticus ou sur les
frustes épitaphes des tombeaux de Saint-Lunaire.
« Au cours de mes leçons, » poursuit-il, « je ne
« suis pas tellement absorbé par ma lecture, mon
« analyse ou parfois mon improvisation, que je
« n'épie et que, sans être un Lavater, je ne réussisse
« à surprendre en vous au passage toutes vos
« nuances d'impressions, depuis le rire jusqu'au
« froncement de sourcils. En cela vous ne me
« croyez point indiscret ; autrement vous vous con-
« traindriez au point de déjouer mes conjectures.
« Vous savez que dans cette investigation, et grâce
« à votre confiant abandon, j'avise seulement en
« vous, pour vous mieux accommoder mon langage,
« un criterium et un point d'appui. Par exemple,
« en entamant avec vous la Divine Comédie ou le
« Paradis perdu, ces deux créations d'une théo-
« logie si abrupte, j'ai craint d'abord que la contention
« ne mouillât vos fronts ou que l'ennui ne gonflât
« vos paupières ; et ce n'est qu'en vous voyant
« devant moi tenues religieusement en haleine, que
« je me suis raffermi dans ma tâche. Une autre fois,

« en traversant avec vous l'atmosphère brumeux des
« poèmes de l'Edda, j'ai perçu vos muettes interro-
« gations qui ont tiré de moi plus d'un éclaircisse-
« ment. Une autre fois encore, dans ma leçon sur
« les légendes armoricaines, en vous parlant de fées
« ou de kourigans, je vous ai vues sourire, ce qui m'a
« amené à vous dire qu'il n'y a pas que les enfants à
« lire les contes de Perrault. En revanche, à l'exhibi-
« tion des cauchemars de Macbeth vous pâlissiez, ce
« qui m'a glacé moi-même ; et il a fallu l'intérêt sou-
« verain d'une telle œuvre, pour m'enhardir à achever
« ma lecture sans l'abréger, ainsi que j'avais fait
« pour les Niebelungen, par égard pour la fragilité
« de vos nerfs. »

En fait de ménagements et d'appropriations il y
avait d'ailleurs à compter avec la galerie des mères
de famille, associées avec le parterre de la génération nouvelle à toutes les péripéties de la conférence,
et que Lemarchand retrouvait le soir au même
foyer que les travailleurs de la Revue d'Anjou ou
de la bibliothèque. Là, et jusque dans la salve
d'applaudissements qui accueillait sa venue, il se
complût toujours à déférer aux observations et aux
suppliques de celles qu'il ne pouvait séparer de
ses élèves. Sur un simple énoncé de leurs désirs
il se fit toujours une loi de réviser ses plans, de
développer ses analyses ou de renforcer son programme [1].

Telle est la méthode et telles furent les précau-

[1] C'est cette déférence envers les mères de famille qui a
valu à leurs filles une leçon de plus sur la Bible.

tions et les industries dont Lemarchand ne se
départit jamais dans la préparation de chaque leçon
et dans l'exposé de chaque œuvre littéraire. En fran-
chissant d'un bond l'exorde et le préambule, il la
produit toute ressuscitée en de plantureuses analyses, où se détachent des citations à plein bord
tirées des entrailles du poème ou du drame, et toujours variées et neuves. Et partout il éclaire le
poète par l'homme. Partout il associe ses inspira-
tions à ses vicissitudes, en de copieuses biographies
où fourmillent les anecdotes significatives, et qui
accompagnent les œuvres, ou qui au besoin s'y
entremêlent comme dans les leçons sur Voltaire ou
Gœthe. Ou encore, si le secret d'une littérature gît
dans les principes de l'auteur, il nous les expose en
quelques traits saillants, ainsi qu'il a fait la théologie du Dante, où le système de La Fontaine sur
l'esprit des bêtes. Enfin derrière l'homme ou son
œuvre ou sa philosophie apparaît toujours l'aspect
bien tranché du sol natal qui a déteint sur lui, et
que Lemarchand nous rend en des tons empruntés
aux plus chauds coloristes. C'est ainsi qu'à propos
de la Bible, nous apparaît la Judée à travers Chā-
teaubriand, Lamartine ou la Légende des siècles ;
à propos des Romanceros du Cid, l'Espagne à travers Théophile Gautier ; à propos des poèmes cel-
tiques, la Bretagne à travers Châteaubriand et
Brizeux.

Avec la même souplesse avec laquelle il passe de
l'œuvre à l'homme ou à son horizon, Lemarchand
remonte au type, au mythe ou au symbole qui se
dégage de cette œuvre, pour la suivre dans ses déve-

loppements à travers les littératures, ou dans ses réalisations plastiques. Ainsi dans ses conférences sur la Bible, Moïse revit jusque dans Michel-Ange et dans Alfred de Vigny, et l'idylle de Ruth et Booz tour à tour dans les pastorales de Gessner et dans la Légende des siècles. Le Démosthène de Plutarque rappelle le Démosthène de Delacroix, qui au plafond de la bibliothèque du Corps Législatif nous l'a peint avec sa tunique au vent, haranguant les flots soulevés ; et au Laocoon de Virgile s'associe naturellement le Laocoon du Belvédère.

L'étendue des généralisations n'a d'égale que la vigueur des contrastes ou la finesse, et trop souvent la subtilité des rapprochements entre les littératures, les types et les situations. Ainsi le Caïn de la Bible et de la Légende des siècles évoque le Macbeth de Shakespeare. Dans la leçon sur Villehardouin, le vieux doge Dandolo qui aborde sous les murs de Constantinople en jetant à terre le gonfalon de saint Marc, nous reporte au héros de Fribourg. Dans la leçon sur Joinville, la harangue de saint Louis à ses barons devant Damiette est mise en regard de celle de Bonaparte devant Alexandrie. Et ce regard d'adieu attendri jeté par Joinville partant pour la croisade sur son château natal, c'est sous d'autres formes la lointaine aspiration d'Ulysse et de Joachim du Bellay vers les toits fumants de leurs royaumes de Liré ou d'Ithaque.

Au surplus tant d'industrie pour ranimer chaque œuvre dans son vrai jour et à sa vraie place ne dispense pas Lemarchand de tout commentaire explicite. Il est vrai que, dans la préparation d'une conférence, son premier soin est de s'assimiler par une attentive lecture l'ode, la tragédie ou le poème dont il va parler. Mais ensuite il recourt aux maîtres de la critique, et surtout de la critique la plus vitale. Car ses autorités préférées sont Villemain, Cousin ou Sainte-Beuve, Saint-Marc-Girardin, Taine et Philarète Chasle, sans dédaigner le Cours familier de littérature de Lamartine ; et lorsqu'il s'agit de la Bible, il ouvre d'abord les Pères de l'Église. Puis avec tout cet ensemble, et sans la moindre velléité de plagiat, il se forme un tissu chatoyant d'idées où n'entrent les siennes propres qu'à titre du supplément le plus modeste ou d'une franche contradiction. Car sa première sollicitude de critique, c'est autant de liberté que d'effacement personnel dans la manifestation des œuvres.

Et toute cette littérature, jusque dans ses créations les plus exotiques, respire et tressaille comme si notre ami était sorti de sa bibliothèque par d'autres portes que celles donnant sur le Maine, la Vendée ou la Bretagne [1] ; ou comme si, dans l'improvisation de son encyclopédie, il eût eu le loisir de percevoir les œuvres dans leur propre idiome ; ou encore comme si ce qu'il en percevait par lui-même (et ici nous parlons de la littérature latine), il l'eût pu inculquer sous la même forme à des jeunes filles élevées dans le seul langage maternel.

[3] Le seul voyage un peu plus lointain qu'ait entrepris Lemarchand, fut le voyage des bords du Rhin, en société de Philippe Béclard, mais qui ne fut le point de départ d'aucune réalisation littéraire.

Il est vrai qu'il y pouvait encore réussir en partie avec les Pères de l'Église ou Cicéron traduits par Villemain, ou Milton par Châteaubriand, ou Shakespeare par François-Victor Hugo. Mais allez donc, dira-t-on, goûter ou produire Dante à travers Mme Tastu, ou Virgile à travers Delisle ! — « Oh ! qu'à cela ne tienne ! » a répondu Lemarchand en relevant le défi ; « je ne faillirai pour cela ni au mouvement ni à la couleur. » Et un peu à la façon de Talma interprétant Shakespeare à travers Ducis, et de Frédérick dégageant le vrai Faust des travestissements mélodramatiques de l'Ambigu, il supplée aux initiations directes de la linguistique par la chaleur et l'adresse de la mise en scène. Avec son élan communicatif, il relève la délicatesse achevée de ses canevas du talisman du geste et du regard, et des ressources d'un organe sourd mais vibrant et d'un débit saccadé mais expressif. Aussi, tout en correspondant plus spécialement aux supériorités qui lui sautent aux yeux, il s'insinue tout entier dans son auditoire. Une fois imbues de ses leçons, ce n'est aux jeunes filles galvanisées qu'un jeu de les reproduire avec la fidélité d'un calque ; et en retenant par là son empreinte elles s'inoculent le goût, le sentiment et la vie.

En recevant son cachet, que dis-je, elles s'inculquaient avant tout les principes et la vertu. Car les conférences de Lemarchand chez Mlle Lesaulnier (et c'est là un grand titre d'honneur pour cette éminente institutrice) furent surtout un apostolat. Ce qu'avant tout Lemarchand, en digne collègue de

l'abbé Bodaire, proclame et implante dans les cœurs,
c'est le règne de la littérature catholique : la Bible
et les Pères de l'Église, le Dante et la Chanson de
Roland, Klopstock et Corneille. Après cela peut
venir, une fois ses lacunes signalées, la littérature
profane, mais seulement en ce qu'elle offre de
chaste et de mâle : Eschyle et Démosthène, Cicéron
et Tacite. En un mot l'orthodoxie ou la salubrité ;
et partout le bannissement de la fadeur et du poi-
son. Non que Lemarchand frustre ses élèves de ce
que recèle parfois d'inoffensif une œuvre en elle-
même pernicieuse ; mais sur cette œuvre pernicieuse, ou seulement hardie, il maintient rigoureu-
sement les scellés. Et d'ailleurs avec quelle bonne
grâce ! Aussi quelle jeune fille, même en la suppo-
sant moins sage que les élèves de Mlle Lesaulnier,
eût désobéi à un professeur qui, par exemple, après
lui avoir servi dans la leçon sur le Décaméron de
Bocace l'anodine et désopilante facétie du cuisinier
Chichibio, lui eût dit : « Vous n'aimez pas qu'on
« vous souffle les noms illustres. Cette exigence est
« légitime, et j'y cède aujourd'hui volontiers en
« vous entretenant innocemment de Boccace. Mais
« c'est avec l'espérance — je veux dire la certitude
« — que vous ne serez jamais tentées d'aller égarer
« les voiles si blanches de vos esquifs parmi les
« écueils que mon expérience vous signale. Je vais
« souvent à travers les épines vous cueillir les plus
« belles fleurs. Eh bien ! pour tout remerciement je
« vous demande de ne les aller jamais cueillir
« vous-mêmes ; car dans les buissons hérissés où
« notre main rugueuse tout au plus s'égratigne,

« votre délicatesse y essuyerait de mortelles bles-
« sures. »

Les initiations même qui dans les leçons de
Lemarchand, et dans l'emportement de ses enthousiasmes, ont pu sembler téméraires, amenaient avec
elles leur correctif. Ainsi si, dans la leçon sur
le Roland Furieux, notre ami, enfourchant l'hippo-
griphe de Bradamante, nous transporte aux Iles
Fortunées, c'est pour nous y montrer à travers
l'anneau magique ravi au nain Brunel, la hideuse
décrépitude de l'enchanteresse Alcine, et l'ignomi-
nieux énervement où Roger consume sa fleur de
jeunesse. Dans la leçon sur l'Enfer de Dante, au
moment d'aborder l'épisode sur Françoise de
Rimini : « Faut-il vous le raconter, mesdemoi-
« selles? Et pourquoi non? En parlant d'un senti-
« ment ici-bas profané, Lacordaire disait du haut
« de sa chaire de Notre-Dame : « Il est deux choses
« devant lesquelles, avec l'aide de Dieu, je ne recu-
« lerai jamais, le devoir et la nécessité. » — Pourquoi
« n'imiterais-je pas ce maître délicat et austère? Ce
« m'est une nécessité de vous montrer à vous, âmes
« élevées et pures, une célèbre infortune. Je ne
« reculerai pas. D'autre part, ce m'est un devoir
« sacré de respecter votre jeunesse, et c'est ce
« qu'attestera la réserve de mon langage. Soyez
« sûres que jamais ne sortira de mes lèvres un mot
« capable d'égarer vos imaginations en environnant
« de prestige le crime et le péril. » Et en effet notre
ami s'interdit sur Françoise de Rimini toute fausse
commisération. Pourtant jusque dans son gouffre
de malédictions elle retient l'exquise pudeur de son

sexe, elle qui souffre surtout du supplice d'y être confondue avec les Sémiramis et les Cléopâtre ; elle qui, à la vue de ses deux illustres visiteurs, rougit et pleure, et leur tait le nom de son complice. Et cependant, rien qu'en approchant de cette ombre plaintive, Dante s'évanouit, en envisageant la juste rigueur des châtiments divins. Car éternellement elle passe et repasse dans son tourbillon de glace en accusant un regard jeté sur le roman de Lancelot du Lac.

Le Dante ! le Dante ! La Divine Comédie ! Aux yeux de Lemarchand, et après la Bible, voilà l'œuvre par excellence ! Œuvre aussi divine qu'humaine, aussi surnaturelle que vivante. Œuvre de contemplations et de tressaillements, où le monde entier, avec ses splendeurs et ses abîmes, se réfléchit aussi pleinement que Dante lui-même dans les yeux de Béatrix. Mais au cœur de cette œuvre et avec Dante il y a l'homme, non seulement l'homme du moyen âge, non pas même seulement l'homme du temps et de l'espace, mais l'homme des destinées éternelles, qui tour à tour espère et souffre, expie et triomphe, l'homme avec ses joies et ses larmes, ses tendresses et ses colères, ses frissons, ses vertiges et ses extases. Voilà pourquoi notre ami s'est enivré de la Divine Comédie, et voudrait communiquer son enivrement. Et cependant la Divine Comédie, avec sa sublimité, l'intimide. Elle renferme tant d'ineffables mystères, qui réclament pour ainsi dire une initiation sacerdotale ! Aussi, dans sa Dispute du Saint Sacrement, Raphaël a-t-il placé Dante au premier degré de son autel central, entre saint

Thomas et saint Bonaventure. La Divine Comédie est comme un vase sacré qu'il n'ose toucher. Et puis, pour la goûter, ne faudrait-il pas une de ces robustes éducations comme on en recevait au temps des docteurs de l'Église ? Aujourd'hui ne sommes-nous pas trop agités, ou trop frivoles ou trop blasés pour nous éprendre d'autre chose que de la romance sentimentale ou du mélodrame ? Passe encore, disent nos plus sérieux critiques, en cela d'ailleurs s'écartant des appréciations de la critique italienne, passe encore pour l'Enfer, grâce surtout aux épisodes de Françoise de Rimini et d'Ugolin. Mais le Paradis ! Ne sommes-nous pas aussi trop rationnels pour nous hasarder dans ce royaume du mysticisme et de la scolastique, peuplé des visions de l'Apocalypse ? Encore, si Dante y marchait escorté de Virgile ! Mais Virgile a laissé Dante sur le seuil d'un Élysée autrement escarpé que celui de l'Énéide ; et Dante n'a plus pour se guider que le sourire de Béatrix ! N'importe ! De son côté notre professeur a devant lui des visages dont l'inaltérable sérénité, là comme dans l'Eden de Milton, le réconforte ; et avec son intrépide auditoire le voilà qui se plonge dans les derniers éblouissements de l'empirée.

Il n'en sort que pour nous montrer en regard de la poésie du dogme la poésie de l'ascétisme. C'est d'abord saint Jérôme, non pas encore le saint Jérôme de la Thébaïde de Chalcis, mais celui du mont Aventin, avec ce groupe cénobitique de patriciennes qui se sont isolées des fermentations du paganisme pour se vouer sous sa tutelle à la lecture de la Bible, à la pénitence et à la prière : Albine et

Fabiola, Paule et ses trois filles Blésille, Eustochie
et Pauline ; Blésille, dont on s'est scandalisé parce
qu'elle a échangé sa robe de soie contre une tunique
de bure ! Mais saint Jérôme renvoie le scandale à
ses détracteurs « parce qu'il vénère cette jeune fille,
« depuis qu'elle a transformé ses parures en au-
« mônes, depuis que ses larmes lavent sur ses joues
« la trace des anciens fards, depuis que chaque
« jour avant l'aube elle presse de ses genoux la
« terre nue, en entonnant d'une voix argentine
« l'*Alleluia* ».

Après le réformateur du monde opérant dans
l'agonie du paganisme, c'est en plein moyen âge,
le réformateur du cloître. Après saint Jérôme, saint
Bernard. Après la lettre sur la conversion de Blésille c'est le fondateur de Clairvaux, rappelant à lui
avec la force et la suavité des gémissements ma-
ternels son jeune cousin Robert, ce transfuge
arraché à son sein par les moines dégénérés de Cluny
qui, dans leur accaparement intéressé, qualifient
« la pauvreté d'opprobre, érigent l'oisiveté en contemplation et l'intempérance en sagesse ».

Après saint Bernard, et pour en revenir, en
pleine invasion du protestantisme, au sexe de
Paule, d'Eustochie et de Blésille, c'est le nouvel élan
régénérateur du Carmel. A ce sujet Lemarchand
rappelle le panégyrique de sainte Thérèse, prononcé
par Bossuet devant la reine-mère Anne d'Autriche.
« Permettez-moi de vous dire, Madame, avec toute
« la liberté d'un prédicateur, que cette instruction
« salutaire regarde principalement Votre Majesté,
« et de souhaiter que la couronne de douleurs ne

« manque point à votre auguste front. » — « Je ne
suis », ajoute Lemarchand, « qu'un humble admira-
« teur de Bossuet. Mais permettez-moi de vous parler,
« aussi moi, avec la liberté d'un prédicateur. Quand
« vous avez une heure à donner au recueillement
« et à la méditation, passez la avec sainte Thérèse,
« et demandez-lui comment on apprend à savourer
« Dieu et à chérir la souffrance, ou du moins à
« l'accepter sans murmure. Elle vous le dira, avec
« bien d'autres choses que ne vous peuvent ap-
« prendre les philosophes de ce siècle corrompu.
« Dans notre crise sociale il est bon plus que jamais
« d'invoquer les saints ; et je vous y exhorte surtout,
« vous qui avez gardé si vive la foi du baptême.
« Vous êtes bien jeunes, mesdemoiselles ; mais la
« jeunesse, c'est l'âge des générosités et des enthou-
« siasmes. Vous êtes femmes ; mais la femme, c'est
« le plus puissant instrument du bien. Dans le Juge-
« ment dernier de Michel-Ange, à la droite du
« Christ, un groupe de femmes montent au ciel en
« enlevant des hommes avec elles. Comme si leurs
« souffrances leur avaient valu le privilège d'une
« enveloppe toute immatérielle, elles montent au
« ciel sans ailes, et sans qu'aucun ange les soutienne ;
« et ces hommes, qui sont leurs frères, leurs époux
« et leurs amis, s'appuyent avec confiance sur leur
« sein. Telle est l'image de la céleste mission de la
« femme, qui se résume en ces deux mots : *Aimer*
« *et souffrir.* »

Toutes les jeunes filles de l'institution Lesaulnier
ne seront pas des Carmélites, ou des reines prêchées
par Bossuet. Mais en grande partie elles vivront

dans le monde ; et toutes les femmes du monde devraient adopter Fénelon pour la direction spirituelle. Et ici Lemarchand ouvre la correspondance de Fénelon non pas certes avec Mme Guyon, mais avec la comtesse de Grammont, avec ce type des mondaines pieusement désabusées. Elle longtemps si ouverte aux adulations de cour, Fénelon la renvoie quotidiennement à son heure réparatrice de méditation et de lecture. Elle d'humeur si caustique, il lui prescrit dans les conversations « le jeûne du silence ». Elle si hautaine, à propos de ses disgrâces de famille, il la détrompe sur la solidité des faveurs de cour, de « ce roseau qui en lui offrant un appui lui a percé la main ». Elle enfin tout à coup en proie aux ravages d'une dartre qui eût réjoui sainte Thérèse, comme un double stigmate d'humiliation et de souffrance, mais dont la pauvre femme endure le feu beaucoup plus courageusement qu'elle n'en essuie les affronts infligés à des restes de beauté, il l'invite à rentrer par là en elle-même, « afin d'y envisager salutairement sa lèpre de vaine gloire ».

Mais la femme qui reste dans le monde n'y reste pas seulement pour s'y mortifier, elle y est avant tout une mère de famille ; et voilà pourquoi Lemarchand produit encore sous le nom de Fénelon ce code si sage d'éducation féminine qui s'appelle le Traité de l'Éducation des Filles, et qu'il a composé pour relever leurs études négligées. Les futures mères de famille y voient que la femme n'est pas seulement appelée à chanter, saluer, danser avec grâce. Rachetée elle aussi du sang de Jésus-Christ, elle est la moitié du genre humain, et partant il lui faut une instruction conforme à la place qu'elle y occupe. Ainsi qu'elle étudie l'histoire et la haute littérature. Qu'elle apprenne le latin, parce qu'il est la langue de l'Église. Avec tout cela qu'elle se gare du bel esprit en observant la modestie et « la pudeur de la science » ; et qu'en même temps elle s'abstienne des romans et des comédies, dont le merveilleux la dégoûterait de la vie réelle. En un mot qu'à tous les degrés de la vie d'une femme président à la fois la vertu et le bon sens.

La comédie ! il n'est point pour la vie chrétienne de plus dangereux divertissement. Demandez plutôt à la judicieuse Mme de Sablé, qui, tout en tenant chez elle école de friandise, et tout en adressant à La Rochefoucauld ses recettes de confitures, a fondé avec lui la littérature des maximes. C'est elle qui voit « dans la comédie une représentation si natu-
« relle des passions, qu'elle les produit en nous,
« surtout celle de l'amour, principalement lorsqu'on
« le représente fort chaste et fort honnête. Car plus
« il paraît innocent aux âmes innocentes, plus elles
« sont capables d'en être touchées. Sa violence
« plaît à notre amour-propre, qui forme aussitôt un
« désir de causer les mêmes effets que l'on voit si
« bien représentés ; et on se fait en même temps
« une conscience fondée sur l'honnêteté des senti-
« ments qu'on y voit, qui éteint la crainte des âmes
« pures, lesquelles s'imaginent que ce n'est pas
« blesser la pureté d'aimer d'un amour si sage ».

Sans aller à la comédie, au moins ni Fénelon ni Mme de Sablé n'interdisent aux jeunes filles de s'initier en famille à Molière, qui leur offrira sur le chemin du mariage deux types irréprochables de jeunes filles. C'est d'abord dans les Femmes savantes l'ingénue et douce Henriette, qui dans son ignorance du grec n'est dénuée ni d'esprit ni de tact; qui, sans éplucher les herbes avec Martine saura gouverner une maison; qui dans sa ferme opposition aux folles visées de sa famille sur son établissement ne se départit jamais de la déférence filiale, et n'est méchante que pour Trissotin qui n'en veut qu'à sa dot. Tendre sans être romanesque, et plus droite qu'Armande qui rougit et se récrie au seul mot de mariage, elle accepte sans coquetterie les vœux de Clitandre, vers qui le bon sens achemine son cœur; et elle discerne assez sa franchise pour « croire qu'il l'aime parce qu'il le lui dit ». Mais pour deux époux qui s'aiment véritablement le mariage est l'école de la vie. Aussi après Henriette arrive dans le Misanthrope la sincère Eliante, dont le pur profil se détache aussi heureusement sur la coquette Célimène que sur la prude Arsinoé, et qui, tout en appréciant la loyauté et le courage d'Alceste, ne le veut épouser que pour l'apprivoiser et le guérir.

Mais si la femme est dans tous les temps une épouse et une mère de famille, en notre siècle de crise et de combat social, qui partant est un siècle d'œuvres catholiques, la femme est aussi et tout particulièrement une apôtre et une zélatrice. Et voilà pourquoi encore avec Fénelon Lemarchand nous introduit dans la maison des Nouvelles Catholiques, fondée au XVIIe siècle sous le patronage de

Louis XIV et de Turenne, pour l'éducation des jeunes protestantes récemment converties. Appelé à la direction de cette œuvre, l'évêque de Cambrai y mit tout son cœur. « Car », ajoute Lemarchand, « remarquez-le bien , mesdemoiselles , Fénelon , « dans sa mansuétude, était dévoré du zèle d'arra- « cher les âmes à l'erreur. Car si Dieu, dans sa « clémence, en dehors même des voies de la révéla- « tion, justifie en principe les cœurs droits, en « revanche une terrible responsabilité pèse sur « l'homme depuis la chute d'Adam. Les âmes les « plus sincères, dans leur ignorance des vérités « chrétiennes, sont indigentes et désarmées contre « les périls de la vie ; et ces détresses morales nous « doivent autant promouvoir dans notre zèle que « les maladies ou les tortures de la faim. Ouvrir les « âmes à la pleine lumière de la foi et à la chaude « atmosphère des sacrements, voilà ce qui tourmen- « tait le grand cœur de Fénelon, et ce qui doit « tourmenter tout ce qui adhère au Christ, à ce « Rédempteur de toutes les pauvretés et de tous « les supplices. La vérité une fois connue ne se « contient pas ; elle brûle de se communiquer. »

Après le directeur spirituel, le meilleur auxiliaire de la mère de famille dans l'éducation de sa fille et dans la préparation à l'apostolat social (et les élèves de Mlle Lesaulnier ne l'oublieront jamais), c'est l'ins- titutrice. Et à cet égard encore Lemarchand nous montre sous les formes de la littérature un modèle en la personne de Mme de Maintenon, il est vrai non sans réserve. Sans doute la judicieuse fondatrice de Saint-Cyr se recommande hautement à nous par sa

sollicitude fondamentale d'une éducation chrétienne
relevée des agréments du beau style et des manières. Mais en visant si fortement aux manières
distinguées, et « pour ne négliger pas », disait-elle,
« ca la beauté un don de Dieu », elle insiste trop sur
la recherche de la toilette, et ses élèves sont trop
enrubannées. En vue aussi de perfectionner le
maintien des jeunes filles tout en développant chez
elles l'intelligence, le goût et la mémoire, elle a
introduit à Saint-Cyr le jeu de la tragédie. Or, n'en
déplaise à la mémoire de Racine, quand aux premières représentations d'Esther et d'Athalie l'auditoire ecclésiastique eut fait place à un auditoire de
courtisans, à Saint-Cyr la tragédie devint un péril.
Qu'importe qu'avant d'entrer en scène chaque
actrice y ait récité dans la coulisse le *Veni Creator !*
En paraissant devant des invités qui n'étaient plus
Bossuet ou Bourdaloue, elles ressentaient le désir
de plaire, et elles s'apercevaient qu'elles plaisaient.
Aussi bientôt Mme de Maintenon elle-même, constatant l'écueil, élagua d'abord des représentations
toute pompe, et bannit de son auditoire les hommes ;
« car », ajoute ici malicieusement le professeur,
« ces vilains hommes gâtent tout. » Puis, afin de
couper le mal dans sa racine, elle en vint jusqu'à
supprimer la tragédie et à réformer à fond la maison de Saint-Cyr qui devint un monastère, où à
côté de la religion prévalut la simplicité. Dès lors
c'eût été l'idéal, si à d'autres points de vue Mme de
Maintenon n'eût enseigné à ses protégées une
sagesse un peu revêche. Du moins elle nous semble
trop songer à son ingrate immolation à Louis XIV

pour qu'il n'apparaisse moins encore de détachement que d'aigreur en cette maxime à leur adresse : « Si vous connaissiez le monde, vous le haïriez ! »

Non, cette haine du monde, avec ce que Mme de Maintenon y attache d'amertume, saint Jérôme et sainte Thérèse aussi bien que Bossuet et Fénelon l'eussent réprouvée. En effet, encore une fois, la femme qui n'a point la vocation du cloître doit non pas être une femme du monde mais vivre dans le monde, pour le sauver et le perfectionner. Aussi, après avoir montré la femme tour à tour au foyer domestique, au pensionnat et à l'ouvroir, notre ami nous la produit dans un salon, en la personne de la vertueuse, aimable et intelligente Catherine de Vivonne, cette reine de l'hôtel Rambouillet. L'hôtel Rambouillet était, dans la première moitié du xviie siècle, le rendez-vous de la société française groupée sous le sceptre d'une maîtresse de maison distinguée sans pédanterie, accueillante pour tous et toute à tous, sans humeur ni caprice, et toujours égale à elle-même. Autour d'elle régnaient la décence et l'atticisme, la loyauté et l'enjouement. On s'y formait aux grâces de la conversation, aux bienséances et au savoir-vivre. En y écoutant ou en y lisant des sonnets, des madrigaux ou des ballades, on y apprenait à goûter Bossuet ou Corneille, qui eux-mêmes y avaient passé et y avaient poli leur style. Là se formaient ce que l'on appelait au xviie siècle, *la précieuse* et *l'honnête homme*. La précieuse, non pas celle qu'a persiflée Molière, mais celle que nous appelons aujourd'hui la femme distinguée ou supérieure. L'honnête

homme, c'est l'homme comme il faut, chez qui se
combinent à doses égales la probité et l'esprit, le
sérieux et l'agrément, l'honneur et la galanterie ;
en un mot c'est l'ancien chevalier qui laisse son
armure à la porte. Et à l'hôtel Rambouillet, les
deux sexes se forment l'un par l'autre. Car si les
hommes sont tout d'une pièce quand ils restent
chez eux ; si les femmes applanissent leur rudesse
et leur apprennent l'urbanité, en revanche les
hommes aiguisent et stimulent l'esprit des femmes
(et à cet égard on s'en peut rapporter à notre ami,
qui d'ailleurs s'empresse d'ajouter « sans leur en
« donner ». Ajoutons encore, ou plutôt mettons
bien vite à la charge d'une femme, à savoir de l'ex-
cellente et naïve Mlle de Scudéry, cette réflexion,
que « plusieurs dames réunies au nombre de plus
« de trois, fussent-elles les plus honnêtes du monde,
« ne disent rien qui vaille, et s'ennuient plus que
« si elles étaient seules, quand elles n'ont point un
« homme avec elles. Au contraire, il y a je ne sais
« quoi qui fait qu'un honnête homme divertit plus
« une compagnie de dames que ne saurait faire la
« plus aimable d'entre elles. »

Quoi qu'il en soit de l'humble confession de
Mlle de Scudéry et du degré où les femmes se suf-
fisent à elles-mêmes (nous autres nous n'y sommes
jamais pour l'apprécier) avec ce que nous savons du
personnel, de l'esprit et du ton de l'hôtel Rambouillet nous étonnerons-nous que cet hôtel ait
chez nous fixé la langue, ennobli les formes, assou-
pli et épuré les mœurs, la société et la littérature ?
« Aussi », ajoute Lemarchand, « il serait à sou-

« haiter que de nos jours quelque réunion sem-
« blable relevât la littérature, qui de plus en plus
« se déforme et se ravale. N'y aurait-il donc point
« parmi vous, mesdemoiselles, une Catherine de
« Vivonne ou une Julie d'Angennes ? Oh ! comme
« de grand cœur nous lui composerions de suite
« une Guirlande de Julie ! Et toutefois, ce serait à
« la condition qu'elle fermât sa porte aux Cathos
« et aux Madelon, aux Vadius et aux Trissotin, aux
« pédants et aux bas-bleus. »

En revanche, puisse-t-il surgir de ce nouvel hôtel
Rambouillet, comme de celui de la rue Saint-Tho-
mas-du-Louvre, une Mme de Sévigné, résumant
aussi en elle et embellissant toutes les qualités de
son sexe ; enjouée, rêveuse et compatissante ; au
sourire mouillé de larmes ; aussi saine que florissante et libre ; et toujours vive et naturelle, et toute
possédée d'un sentiment qui fût sa force, et aussi sa
faiblesse !

L'amour maternel fût la force de Mme de Sévigné.
Veuve à vingt-cinq ans d'un époux très indigne
d'elle, Mme de Sévigné reporta sur ses enfants tous
ses trésors de tendresse ; et en se vouant toute à eux,
elle trouva là, dans son isolement parmi les tenta-
tions du monde, un refuge et un égide. Entre elle
et le monde, il y eut ses enfants. C'était le chemin
de son cœur. Elle n'eut d'amis que leurs adorateurs, et surtout les adorateurs de sa fille. Après
l'avoir couvée et produite, elle s'abrite derrière sa
beauté « qu'elle eût cachée au contraire », lui dit-
elle, « si elle eût voulu être aimée. » Et tout en
préservant Mme de Sévigné, l'amour maternel

l'excite et la féconde. Comme par une suite de l'allaitement maternel, en s'éloignant de sa mère, Mme de Grignan tire à elle toute sa sève. C'est pour elle que Mme de Sévigné court ou lance « les d'Hacqueville » à la chasse aux nouvelles, à elle que vont « les dessus des paniers. »

Oui, chez Mme de Sévigné l'amour maternel fut une puissance et une richesse, mais aussi une maladie ; et une maladie « dont elle se flatta de ne pas guérir », un péché « qu'elle ne pouvait croire mortel. » Cette fille dont elle raffolait au point d'en rassasier ses amis, à force de l'aduler elle l'a gâtée. Oh ! si l'on entretient trop l'enfance de ses mérites, on la dispose à compter sur des hommages qu'elle reçoit sans plaisir. Et c'est pourquoi, sous les baisers de sa mère, Mme de Grignan a contracté cette dignité froide qui la fit passer pour dédaigneuse. Aussi voyez : avec tout son esprit et sa beauté, avec la perfection de sa taille entretenue par des rigueurs d'anachorète, elle, chantée tour à tour par La Fontaine et Benserade, et par Segrais et Racan, au fond elle rebute bien vite ceux qui l'ont d'abord courtisée. En dépit de tout ce que Mme de Sévigné s'est ménagé de crédit en cour pour établir sa fille, aucun mari ne se présente. Notre inhumaine se morfond aux Rochers ; et il faut au futur cardinal de Retz son génie d'entremise pour amener à sa cousine le comte de Grignan qu'on trouve urgent d'accepter.

Voilà donc enfin Mme de Grignan établie, mais qui en s'établissant s'exile. Ici, et après le déchirement des adieux, le vrai témoignage de l'amour

maternel, c'eût été de se contenir ; et Mme de Sévigné avait à consommer là le plus noble des sacri-
fices, en s'effaçant devant le mari investi, et digne
d'être investi de la possession de sa fille. Mais, avec
ses travers d'affection, l'impétueuse marquise
s'aveugle sur sa situation nouvelle. Ce sont toujours
les mêmes obsessions dont elle fatigue cette fille
qui ne lui appartient plus : « Elle se tue ! Elle
« repousse les remèdes ! Que ne met-elle sa petite
« poitrine dans du coton ? » Et par là-dessus ce sont
des besoins de la revoir, et partant des revendica-
tions d'une intempérance telle que, pour peu que
M. de Grignan l'eût pris sur le même pied, c'était
la guerre allumée entre la belle-mère et le gendre.
Heureusement, pour éviter les conflits, M. de Grignan s'exécuta prudemment, en laissant souvent sa
femme reprendre le chemin de Paris ou des
Rochers. Mais Mme de Grignan, ainsi tiraillée entre
les exigences maternelles et les devoirs d'épouse,
fut plus d'une fois perplexe. Et quand vint à son
tour l'heure de devenir mère, ce lui fut une leçon
de réagir peut-être outre mesure du côté de la
modération ; à moins qu'en la piquant là-dessus
Mme de Sévigné n'ait méconnu en sa fille un sentiment qui n'était chez elle qu'un sentiment normal.

Pour en revenir aux réunions tant convoitées de
Paris, de Livry ou des Rochers, ces fameuses réunions dont on s'était fait une telle fête ne donnaient
pas tout ce qu'on s'en était promis. En réclamant
de loin à grands cris sa fille, Mme de Sévigné avait
exhalé du côté de la Provence tout son amour ; et par
là elle était parvenue, épistolairement, à échauffer

un peu sa fille. Mais les correspondances étaient plus propices à ces fusées de tendresse que les entretiens du tête à tête. Aussi qu'arrivait-il à cette mère trop démonstrative et à cette fille trop froide, une fois rapprochées l'une de l'autre ? Aux premiers transports de l'arrivée assez vite succédaient des silences où s'engendraient des nuages ; et une fois même, à la grande réunion de l'hôtel Carnavalet, les nuages crevèrent. Conclusion : ne jamais rêver au delà de ce que l'on est susceptible d'éprouver, et jusque dans les affections les plus sacrées s'en tenir à de raisonnables désirs. Autrement on arrive au désenchantement ; à moins d'être une mère aussi incorrigible que Mme de Sévigné, qui ne sait pas plus se passer de sa fille qu'en jouir, et qui à peine laissée seule, fût-ce au lendemain d'un orage, avise déjà son retour pour la mieux tourmenter.

Incorrigible, d'ailleurs, Mme de Sévigné le fut héroïquement pour tout ce qui n'était pas le sacrifice de son cœur. Apprenant à soixante-dix ans, et au cœur de l'hiver, que Mme de Grignan est tombée gravement malade, en plein épanouissement épistolaire elle franchit d'un bond cette distance qu'elle trouvait si longue entre Paris et la Provence ; et une fois installée près d'elle la veille trois mois nuit et jour. Elle y succombe ; mais en succombant elle la ressuscite, échangeant ainsi gaiement sa propre vie contre la sienne, et lui faisant par là bénir ses importunités comme elle nous fait presque absoudre son idolâtrie. Incomparable et enviable charmeuse, qui, gardant jusqu'à l'extrémité de la vie au lit de douleur de sa fille l'éternelle **jeunesse** de l'amour maternel, avec la même insouciance qu'elle eût fait pour elle au pied de son berceau s'immole en chantant !

Cependant en berçant lui-même aussi son auditoire à travers les plus graves enseignements de la littérature envisagée à toutes les phases de la civilisation et de la vie humaines, Lemarchand voyait chaque année devant lui se renouveler son personnel, et chaque année il le ressentait mélancoliquement. C'est que plus il s'était évertué à infuser la vie à ces jeunes filles, qui d'ailleurs correspondaient à lui si avidement, et plus il s'était attaché à elles par l'identification paternelle. Aussi, quand chaque veille de vacances amenait la conférence d'adieu, il s'affectait en y voyant déjà celles qui ne devaient plus rentrer secouer leurs ailes. « J'au- « rais voulu », disait-il un jour en pleine analyse de l'œuvre d'Eschyle, « vous parler un peu de sa « trilogie d'Agamemnon, des Choéphores et des « Euménides. Mais j'aperçois devant nous tant de « chefs-d'œuvre, que je suis obligé d'abréger nos « haltes devant chaque auteur. Combien dureront, « en effet, nos douces conversations intellectuelles ? « Peut-être dans quelques mois s'envoleront les « aînées de ce petit groupe formé d'hier, sans « même attendre qu'une phrase entamée s'achève. « A leur tour, après nous avoir écouté deux ou trois « ans, les plus jeunes émigreront pour faire place « à de nouveaux et à de tout aussi éphémères « visages. Car ici-bas, suivant le mot de je ne sais « plus quelle femme célèbre, « la vie n'a guère que

« des commencements ». Non que je me plaigne d'un
« ordre de choses voulu de Dieu. Après tout le sort
« des maîtres est encore moins douloureux que
« celui des mères, à qui tôt ou tard vous échappe-
« rez toutes. Mais, tout en me résignant à ces
« vicissitudes, vous ne m'en voudrez pas si je vous
« en exhale ma tristesse, en renonçant à dérouler
« devant vous tant de grandes œuvres. Au moins,
« avant d'aller à Sophocle déposons une couronne
« sur la tombe d'Eschyle, où sans doute vous ne
« reviendrez plus, à moins que parmi vous ne se
« développe une nouvelle Mme Dacier sous l'aimable
« déguisement de la jeunesse ».

Il ne fut pas plus nécessaire aux élèves de Lemarchand qu'à l'Henriette des Femmes savantes de
lire dans le grec Homère ou Eschyle pour recréer
le salon où, après l'émancipation de sa tutelle, il
les retrouvait le soir, en échangeant désormais près
d'elles le titre de professeur contre le titre d'ami, et
d'un encourageant ami. Car, en leur rappelant un jour
chez Mlle Lesaulnier la conquérante apparition de
la jeune marquise de Sévigné à la Cour : « Le pre-
« mier regard jeté sur une jeune fille qui entre
« dans le monde », leur disait-il en les exhortant
par là à soigner leur début, « ce premier regard est
« fort grave, et souvent il y va de tout l'avenir. [1] »
Aussi lui-même le premier contribuait-il sous l'œil
maternel au bienveillant accueil de celles qu'il avait
si affectueusement dressées à ce pas décisif. En leur

---

[1] Cartons Lemarchand : Conférences Lesaulnier, *passim*, et
renseignements de Mlle Lesaulnier.

tendant la main il souriait à leur éclosion et à leur essor ; et avec un légitime orgueil il les voyait toutes prendre rang dans l'élite de cette société angevine dont elles sont aujourd'hui le bon génie et l'ornement.

Au sortir de chacune des intimes conférences de l'institution Lesaulnier, notre intarissable professeur au surplus se retournait vers cette autre moitié de la jeunesse angevine qui avait eu à Saint-Sauveur les prémices de son éloquence professorale, avant d'en avoir le plein retentissement dans l'organisation de notre grande œuvre de l'Université catholique [1]. Une fois le moment venu, en 1876, d'y fonder avec la Faculté de droit la Faculté des Lettres, Mgr Freppel en élabora d'abord le plan avec l'aide d'un Comité où Lemarchand figura en société de M. l'abbé Pasquier, du très regrettable abbé Léon Bellanger, de mon père et d'André Joûbert. Ensuite et surtout Mgr Freppel ébaucha une préparation à sa Faculté des Lettres dans l'œuvre des Cercles Catholiques, où sous la direction de M. l'abbé Gardais, s'ouvrirent des Conférences littéraires. Là encore le brillant professeur du collège Saint-Sauveur et de l'institution Lesaulnier, après y avoir accepté le titre de membre du Conseil de direction, se signala en rivalisant d'éclat ou de science avec MM. d'Espinay, Farge, Affichard, et mon oncle Théodore

---

[1] Ici notons les démarches tentées en vain vis-à-vis de Lemarchand, lors de l'ouverture des Cours d'enseignement supérieur, pour lui offrir la chaire d'histoire. — Souvenirs personnels et renseignement du Dr Farge.

Pavie. Il y reprit les conférences données chez Mlle Lesaulnier sur le théâtre grec, la chanson de Roland et le théâtre de Shakespeare et de Lope de Véga ; et il y visa de plus en plus, dans un regain d'exaltation en rapport avec la virilité de son auditoire de rechange, et parfois peut-être avec un peu de recherche et d'enflure, au tableau et au drame. N'importe : avec ses imperfections il s'assujettit encore là son auditoire. En y administrant haut la main, comme un souverain cordial, la littérature catholique de Roland et des Chansons de geste, au son de la Olifant et sous le cliquetis de l'épée Durandal, intellectuellement et pour sa large part, au lendemain de nos désastres, il restaura la vieille cité qui honore à la fois la valeur et la poésie dans l'alliance des noms de Dumnacus et du roi René, de Robert-le-Fort et de Joachim Dubellay. Aussi le passage de Lemarchand au Cercle Catholique fut encore pour lui une conquête et un triomphe. Aux applaudissements des jeunes filles répondirent les applaudissements des étudiants [1] ; et sous le même souffle rénovateur ces deux moitiés de la jeunesse angevine s'associèrent dans la même floraison.

[1] Cartons Lemarchand : Conférences du Cercle Catholique. — Correspondance Lemarchand : dossier Gardais (abbé), et contre-partie d'id. — Renseignements de M. l'abbé Gardais. — *Le Cercle Catholique d'Angers*, par M. Henry Jouin (Angers, Lachèse, Bellenvre et Dolbeau, 1872). — Revue d'Anjou, 4e année, t. VII (1872 : chronique d'A. Biéchy, p. 401.

VI

Et cela, toujours sous l'œil de celui qui suivait la génération nouvelle depuis la leçon publique ou intime jusqu'à ce foyer de famille où d'ailleurs, avec ce Protée intellectuel, c'était encore un changement à vue. Après le bibliothécaire, après le fondateur de revues ou le secrétaire de la Société d'Agriculture, après le touriste ou le conférencier des collégiens, des étudians et des milady, c'est le causeur, mais le causeur qui, au sortir de l'institution Lesaulnier ou du Cercle Catholique, a repassé par la bibliothèque — ou par son cabinet de travail. Car on les confond volontiers, et lui-même tout le premier, l'une avec l'autre. De part et d'autre c'est la même accessibilité, comme aussi la même appropriation intellectuelle ; non seulement par l'effet de ce plain-pied qui fait que les travailleurs s'installent chez lui comme chez eux et y vivent de sa substance, et qu'en retour lui-même à la salle de travail n'est que le premier d'entre eux, et à la fois leur guide et leur élève ; mais aussi par l'effet de la contiguité des bibliothèques, soumises aux mêmes manipulations et aux mêmes classements. Car tandis que les livres du public (et quel travailleur s'en plaindra ?) sont partout estampillés de ses annotations marginales, sa propre bibliothèque a ses catalogues et ses suppléments de catalogues. Aussi ne reconnaît-on le cabinet central qu'aux lueurs nocturnes de la lampe éclairant un pupitre chargé d'un missel de Saint-Aubin ou de Saint-Serge, mais qui en tournant ramène en contre-partie un volume sillonné de la main du maître, avec rubriques à l'encre rouge à la façon du *Psalterium Davidicum.* Sous le titre général d'*Extraits,* c'est son grand emmagasinage d'homme de société. Anecdotes, adages ou épigrammes, lazzis, quolibets ou truismes, étymologies, devises ou traits de mœurs, familiarités ou raffinements, coïncidences, saillies ou contrastes, regains, résidus ou primeurs, relevés d'affiches ou d'enseignes, tout ce qui l'affriande au hasard des lectures ou à travers le monde, ou aux champs ou par la ville, et jusqu'aux bons mots de ses amis, tout est couché là pêle-mêle[1]. C'est là pour les conversations son fond de réserve et d'expectative ; ce sont ses condiments et ses épices.

Après le cabinet ou la bibliothèque, le cercle. Après le cercle le sermon de charité, ou l'exposition régionale, ou le congrès archéologique, ou la matinée musicale ; sans compter les rencontres de librairie ou de boulevard. Car notre ami, dont on attend le mot sur chaque événement intellectuel de la ville, tient quotidiennement à rafraîchir, tout en l'assaisonnant, son encyclopédie, à en entretenir la circonférence ; et il ne veut pas plus demeurer étranger au renversement d'un ministère qu'à l'exhumation d'un dolmen ou au passage d'une planète. Aussi une fois lesté et agrémenté de toutes

---

[1] Cartons Lemarchand : *Extraits, passim.*

ses bonnes fortunes d'informations, avec quel aplomb, et avec quelle aisance de gentleman, il franchit le seuil du salon dont nous n'avons vu jusqu'ici que s'entre-bâiller la porte, et où l'accueille et où se groupe autour de lui tout ce qui l'a dans la journée exploité ou applaudi ! A nouveaux frais on l'écoute ; et bon Dieu ! quelle fascination ! C'est un feu roulant, un kaléidoscope. C'est le miroitement d'un prisme à mille facettes. C'est l'entrain et le brio en pleine ébullition et à jet continu. C'est le pétillement du salpêtre. C'est la mousse qui déborde. C'est à profusion le sel et le piment. Avec tout cela des évolutions et des soubresauts de caméléon ; et une puissance, et ajoutons une réciprocité d'amorce et d'aimentation sur toute la ligne. Car c'est de vous surtout qu'il tire l'aliment de sa verve. Ses éruptions sont des mises en demeure. En jaillissant il vous talonne, il vous pousse, il vous attise. En filant ses roulades il nourrit un orchestre. Aussi on s'applaudit en l'acclamant ; et ses hôtes ne le laissent partir qu'en marquant à leur foyer ou à leur table la place de celui qui fait leurs plus beaux jours ; car en sortant d'avec lui ils sont encore moins enchantés de lui que d'eux-mêmes.

Au sortir du salon, et avant de revenir à ses élucubrations nocturnes, notre ami repasse par le cercle, pour y guetter un télégramme sur la crise ministérielle ou sur le bilan électoral, ou pour y décacheter la bulle pontificale. Mais ici s'ouvre, non plus comme dans la Revue de l'Anjou un champ de bataille en règle, mais un tournoi ou une escarmouche où le nécromancien des salons et des gri-

moires, transformé comme par un « Dieu le veut »
ou un « vive la Ligue » en un Roland ou un Saint-
Offange, revêt le casque, brandit la lance et jette le
gant. Et qu'un jouteur du Correspondant ou du
Siècle arrive ! aussitôt le voyez-vous qui fond sur
lui avec l'œil ouvert et fixe, avec la cambrure de
son torse, avec la lèvre incisive, et tendue en arc
bandé pour décocher le trait ? Et les voilà aux prises.
Holà ! que de ruades, d'assauts et d'algarades ! Quelle
fougue et quelle soudaineté dans l'attaque ! et dans
la riposte que de sveltesse et de verdeur, que de
mordant et d'emporte-pièce ! Mais rangez-vous !
car les coups pleuvent, les lances volent en éclats.
Tout en dogmatisant et en contrecarrant d'estoc et
de taille, notre paladin presse et crible son adver-
saire ; et en poussant sa pointe il l'étourdit, le désar-
çonne et le terrasse. Mais à peine tombé il le relève
courtoisement, en effaçant d'un sourire ses bles-
sures. Après tout on se dit que lui-même n'est pas
invulnérable ; et que souvent il ne dégaine et ne
s'escrime que pour mieux sauver sa retraite. Et
même, en tranchant dans le vif ne l'a-t-on pas vu
parfois s'enferrer ?... Tant il y a qu'au salon du
lendemain l'antagoniste le plus meurtri donnera le
premier l'accolade au spadassin qu'il avait maudit
la veille.

Mais ni le hourra des ovations, ni le fracas des
champs de bataille, ni les crépitations du parchemin
froissé sous la lampe des veillées n'interceptent les
appels de l'amitié altérée qui réclame son tour,
et qui est toujours écoutée. Car Lemarchand suffit à
l'amitié comme au monde et aux livres. Et (qu'on

me pardonne ici ce retour filial en songeant à tout ce
que lui fut son père) Lemarchand fut également tout
à tous et tout à lui. Mon père a eu toute sa dépense,
comme s'il n'avait jamais eu ni à se réserver ni à se
répartir. A quelque degré que s'élargît sa zône
d'évolution sociale, il revenait toujours à cette
amitié de cénacle, il s'y replongeait et s'y aban-
donnait sans plus de lassitude que de calcul, comme
si c'eut été là pour lui un nouveau monde, ou plutôt
le monde entier. Avec mon père, d'ailleurs, il savait
se renouveler et se rajeunir, en retrempant dans
l'intimité son encyclopédie du jour, en la mettant à
son point de vue original d'artiste et de rêveur.
Grâce à cette identification ces deux inséparables,
si divers dans leurs affinités, en se recherchant en
dépit ou plutôt à raison même des contrastes,
se complétaient l'un l'autre. Entre eux c'était
sans relâche un échange de conceptions et de
cadres, d'images et de combinaisons, d'élans et de
règles

Mais nulle part ce commerce intellectuel n'avait
son plus libre jeu que dans la fréquentation rurale,
où cependant le lundi si impatiemment attendu
passait toujours trop vite. Aussi dès la veille Lemarchand s'acheminait vers la villa paternelle de
son pied le plus alerte, par la pluie ou la canicule,
et sans que l'eût pu retenir aux rives prochaines
le bien-être d'une hospitalité plus somptueuse. Et
pour nous autres, dès le bas âge, quelle fête que
son arrivée! Car il était à la fois et l'idole de l'amitié
et du monde et la providence des enfants. Aussi,
du plus loin qu'on le voyait déboucher à travers le

massif de bouleaux, c'était d'accourir et de nous suspendre à lui pour lui ravir les jouets à notre adresse, pendant que la génération, hélas! disparue avec lui recueillait sur ses lèvres l'éphéméride urbaine. Ensuite venait la correction et, bien entendu, l'émondage de l'article préparé pour la Revue d'Anjou. Puis c'était vers la rivière la tournée habituelle, abrégée pour nous par le récit d'une légende, d'un fabliau ou d'une ballade. En route on longe une tourbière où notre ami dénote une singularité végétale. Plus loin, dans un vallon, c'est la halte au pied de cette fontaine où l'attire une pieuse inscription sous un bouquet de fougères. Et puis dans cette halte s'ouvre un nouveau carnet d'extraits. Car il y a le format des promenades ; et cette fois c'est la quintescence et l'élixir des littératures. Et que du fond de ce site agreste où l'on s'oubliait si délicieusement vînt tout à coup à surgir l'indiscret jalonnement d'un remblai ou d'une écluse, fût-ce émané de l'ingénieur ou du minotier qui sur l'autre rive l'avait hébergé la veille, ou dont il avait même analysé l'outillage ou discuté les plans, avec nous notre ami gémissait sur la condamnation du moulin d'Hobbéma ou de la lande de Ruysdaël... Et de s'en revenir ensemble tête basse, et de se consoler le soir par l'organisation d'une charade, ou par la lecture d'une nouvelle de Mérimée ou d'une causerie de Sainte-Beuve, ou d'une comédie de Molière ou d'Octave Feuillet.

Cependant la bibliothèque rappelle notre érudit. On le reconduit « par les champs familiers, en se frayant un chemin à travers les feuilles mortes de l'automne », jusqu'au pont des adieux, à ce pont « sous les arches duquel ont coulé avec lui les meilleures heures. » Et à peine l'ami, « d'un pas activé par la nuit, » l'a-t-il franchi pour « s'effacer dans la brume, » que son guide, replié douloureusement sur lui-même, achève tout bas les colloques « ébauchés dans l'idiome de l'amitié, » en regagnant le gîte modeste où il se demande si cet hôte « en a gardé bonne mémoire, » s'il y a goûté « les plaisirs du jour, le repos des nuits et l'arôme des fleurs [1]. » Il se demande surtout quand ce même hôte reviendra écouter sous les mêmes ombrages la poésie où déjà on module les doléances sur son départ.

Mais dès le lendemain on reçoit de ses nouvelles. Accourez, ami inconsolable, et regardez bien ces fins croquis destinés à l'album où figurent déjà les tours de Montreuil-Bellay et de la Jousselinière ; le fort de Sésambre, l'anse du Guildo et l'île des Ebbiens. Dans ces nouveaux gages d'amitié émanés de celui qui ajoute à la longue liste de ses imitateurs le nom de Tancrède Abraham, ne vous reconnaissez-vous pas vous-même ? Ici le manoir, tapi sous le lierre, où vous regrettez de ne l'avoir pas assez choyé. Là, entre le saule et l'étang, l'allée tournante par où on accourait au-devant de lui. Plus loin ce bouquet de chênes où ont vibré les strophes de Hugo et de Lamartine.

[1] *Vitæ dimidium*, par Victor Pavie (Revue de l'Anjou et du Maine, t. I (1857), pp. 51-55.

Avec cette luxuriance et ce reverdissement de chaque jour, avec cette disponibilité à toute heure et à toute épreuve, qui n'eût cru notre ami éternel ? Mais, hélas ! en se dilatant, en se distribuant, en se métamorphosant ainsi indéfiniment, il avait par trop abusé de l'élasticité de ses fibres cérébrales. Sur ces mortels abus il avait d'ailleurs de tout temps professé une fatale incrédulité, en homme qui, dans le rude apprentissage de la vie, n'avait pas plus connu de repos que contracté d'amertume. En une conférence donnée au Cercle Catholique sur le théâtre espagnol, à propos de la laborieuse jeunesse de Lope de Véga. « En ces siècles d'enthousiasme « et de virilité, » dit-il, « on ne croyait pas que « l'étude pût être funeste à la santé ; c'est là une « doctrine toute moderne, et qui fait malheureuse- « ment tous les jours beaucoup de progrès, sans « ramener le moindre vermillon sur les joues de la « jeunesse. » Et au sortir d'une de ces commotions nerveuses qui sont aux grands prodigueurs de vie intellectuelle de lointains avertissements, et qui dès 1867 démontait cruellement chez notre ami ses absolues théories, il écrivait à mon père, anxieux de ses nouvelles : « Me voici, cher ami, remis de ma « dernière crise ; et je crois qu'elle eût été moins « longue, si le cher docteur [1] ne s'était cabré contre « mes légitimes résistances à l'endroit de la théorie « du repos. Décidément, on ne gagne rien à s'arrêter « ainsi pour compter les pulsations de ses tempes

[1] Le Dr Farge, ami et médecin des deux correspondants.

« et se détendre les nerfs. On perd sa vitesse acquise ;
« on s'attendrit fort ridiculement sur soi-même ; ou
« bien on se déforme le caractère, et le sang de nos
« veines n'en devient ni plus vif ni plus riche. Le
« vrai régime c'est celui de l'étude ; tous les oisifs
« ont l'air de spectres [1]. »

Lui au contraire, et comme pour mieux déjouer
les pronostics du docteur, qui les rengaînait
d'ailleurs en le consultant sur la Peste noire en
Anjou, ou en l'éclairant sur l'Alexander Trallianus,
ou en le secondant dans ses explorations de Vendée,
il prolongeait sa jeunesse de désinvolture et son
énergie d'accent jusqu'en pleine vieillesse, quand
tout à coup ses forces le trahirent. Sans s'abuser
sur ce grave symptôme il résigna, le 22 septembre 1887, ses fonctions de bibliothécaire, en
recueillant les témoignages d'un regret universel [2].
Et parmi les gages de cet infatigable dévouement
qui a charmé son déclin, avant de s'affaisser sur ses
in-folios [3] ce vrai chrétien se prépara fermement à ses
fins dernières. A ce sujet, et tout en honorant de notre
mieux sa mémoire, pouvons-nous oublier cette recommandation qu'on l'entendit proférer, sans qu'on
la puisse observer [4], dans un de ses derniers inter-

[1] Cartons de mon père : Correspondance Lemarchand.
[2] Entre autres l'aimable lettre où le maire, M. Maillé, lui
conférait la récompense de l'honorariat.
[3] Albert Lemarchand est décédé le 23 mars 1889.
[4] Nous en attestons les deux discours prononcés sur la
tombe du défunt, le 25 mars, par MM. le maire Guignard et
le bibliothécaire Elie Sorin. (*Maine-et-Loire*, 26 et 27 mars 1889
et la *Notice* d'A. Joubert, Rev. d'Anj., mars-avril 1889, p. 262.)

valles lucides : « Qu'autour de ma tombe il ne soit
« plus question de moi! Car à l'heure où elle s'ou-
« vrira, Dieu me jugera[1] ! » Dieu l'a jugé et justifié,
en considération de tout ce que Lemarchand a fait
à Angers pour la cause catholique. A cet égard les
leçons du collège Saint-Sauveur, le concours à la
fondation de l'Université catholique et les conférences du pensionnat Lesaulnier nous ont déjà
édifiés sur le courage, la plénitude et la fécondité de
son apostolat intellectuel. Il l'exerça jusque dans
l'enceinte de sa bibliothèque, en s'y constituant le
mentor de la jeunesse. Car un collégien y formulait-
il devant lui une demande téméraire, il n'y obtem-
pérait que sur la production de certificats en règle,
et sous le bénéfice de prudentes observations[2].
L'apostolat intellectuel, il ne l'a nulle part exercé
plus activement que dans ses entreprises littéraires.
Il a non seulement lancé avec l'abbé Lamoureux la
Semaine religieuse, et concouru par l'Album Vendéen à la glorification de la croisade vendéenne.
Mais sous sa direction la Revue d'Anjou s'est transformée, pour ainsi dire, en une succursale de la
Revue des Questions Historiques. Et non seulement il y a anathématisé le rationalisme, ou le
Saint-Simonisme, et même ce qui à ses yeux cons-
tituait l'hétérodoxie libérale, gallicane ou jansé-
niste. Mais après y avoir analysé les sermons de
l'abbé Bodaire[3], il l'a directement mise au service

[1] Souvenirs personnels.
[2] Renseignements de M. l'abbé Picherit.
[3] Revue de l'Anjou et du Maine, t. IV (1859), pp. 249-251.

de la grande œuvre de restauration diocésaine si glorieusement accomplie par Mgr Freppel. Autant par sa publication de l'Histoire de l'Université d'Angers de Rangeard [1] que par son assistance au comité de la Faculté des Lettres et par ses conférences au Cercle de l'abbé Gardais, il mérite le titre que Mgr Freppel lui décerne d'un des précurseurs de son Université catholique ; et sa publication de la Notre-Dame Angevine de Grandet a préparé en Anjou la remise en vigueur de nos antiques pélerinages.

L'apostolat! Mais jusqu'à son débordement intellectuel, Lemarchand l'a exercé aussi, avec sa puissance d'ubiquité, dans le domaine des œuvres, par la prière et la charité. Par la prière! car il fut le premier président de l'Œuvre de l'Adoration nocturne ; et nous l'avons vu y prélever son heure de veillée sur ses élucubrations de minuit avec autant de mérite que d'autres l'eussent fait sur leur sommeil [2]. Par la charité! car mon père, qui semblait avoir adopté pour sa devise l'association de ces deux noms : « Hugo et Ozanam », fut trop heureux, et ce lui fut bien facile d'enrôler le jeune adepte de son cénacle littéraire dans l'Œuvre des

[1] Due à l'initiative de Mgr Freppel. Elle a eu pour souscripteur le Ministre de l'Instruction publique. — Le tirage à part, mis en vente, est épuisé. L'imprimeur, M. Germain, n'en a plus que deux exemplaires, qu'il garde précieusement. (Renseignements de M. Germain.)

[2] Renseignements de MM. l'abbé Picherit et Levesque, président actuel de l'Œuvre de l'Adoration nocturne. — Cartons de mon père : Correspondance Lemarchand.

Conférences de Saint-Vincent-de-Paul. Lemarchand
y remplit même longtemps l'office de secrétaire ;
et là s'apprécièrent surtout aux séances générales
les ressources d'une aussi forte rédaction que celle
de ses procès-verbaux de la Société d'Agriculture.
En effet, dans nos annales académiques Villemain
ne revit pas plus heureusement que ne le fait, par
exemple, au registre de nos séances de charité cette
autre visiteuse de l'Anjou qui ne s'est pas moins
immortalisée que le législateur du Parnasse sous
le nom vénéré de Jeanne Jugan. Lorsqu'en effet la
créatrice de l'ordre des Petites Sœurs des Pauvres,
qui en somme a fait dans le monde plus d'heureux
que le génie de Pindare, vint chez nous fonder sa
succursale angevine, mon père l'accueillit au sein
de sa conférence ; et là elle nous redonna, et Lemarchand recueillit sur ses lèvres ingénues le récit
des miraculeuses vicissitudes de son œuvre, depuis
l'humble obole de cinquante centimes qui fut la
première pierre de son édifice jusqu'aux opulentes
souscriptions où figurent en tête des noms de pro-
testants [1].

Non seulement le nom de Lemarchand s'attache
au procès-verbal d'une aussi mémorable séance ;

[1] *Registre des procès-verbaux des séances de la Société de
Saint-Vincent-de-Paul*, dont nous devons l'obligeante communication à M. Rondeau, président de la Conférence de Saint-
Maurice : *Assemblée générale* du 29 novembre 1849. — On
voit même figurer le nom de Lemarchand dans la Commission chargée de la démarche préliminaire à l'Evêché en vue
de la fondation de la succursale de Jeanne Jugan. Eod.,
6 décembre 1847.

mais dans l'histoire de notre Société de Saint-Vincent-de-Paul l'ère de son secrétariat coïncide avec
une des plus belles phases du développement de
cette œuvre. Aussi ses comptes rendus des séances
générales sont à signaler et même ont été
exploités par notre pieux collègue[1] comme une des
meilleures sources de l'histoire de la charité angevine. De 1846 à 1850, on y passe là en revue sous
de palpables formes toutes les initiatives de salut
qui alors sont nées chez nous sous les auspices de
la Société de Saint-Vincent-de-Paul, ou qui avec
Jeanne Jugan lui ont emprunté son concours :
œuvre de la bibliothèque, œuvre de l'almanach,
patronage d'ouvriers, cours de musique religieuse,
instruction des militaires[2].

Ce sont encore les propres industries de l'œuvre
de Saint-Vincent-de-Paul, que Lemarchand pré-
conise même aussi éloquemment qu'il a fait chez
Mlle Lesaulnier l'ascétisme de sainte Thérèse. Et
même, en vérité Montalembert ou M. de Melun
désavouerait-il ce passage de l'allocution prononcée
à la Loterie du 21 avril 1851 : « Ce que vous ne
« voulez pas, c'est qu'on regarde le pauvre comme
« un être inférieur ou déchu, c'est qu'on lui porte
« un fragment de votre pain comme le témoignage
« d'une pitié banale ou comme une précaution de
« l'égoïsme ; c'est qu'on insulte à sa misère et à sa

---

[1] M. Cosnier : *La Charité à Angers.*

[2] Eod. : *Assemblées générales* du 13 décembre 1846, 19 décembre 1847, 21 juillet 1848, 7 juin, 19 juillet, 9 août,
25 octobre, 29 novembre, 6, 9 et 13 décembre 1849, 7 février 1850.

« dignité par des attitudes impérieuses ou des
« violences faites à son libre arbitre ; ce que vous
« ne voulez pas, c'est qu'on dénature le caractère
« élevé de son indigence, c'est qu'on efface de son
« front l'onction sainte dont il a été marqué, pour
« le faire rougir de son dénuement et insinuer le
« blasphème dans son cœur ; c'est qu'on substitue
« à des souffrances qui l'ennoblissent des convoitises
« qui l'abaissent… Ce que vous voulez, c'est qu'on
« se découvre devant le pauvre comme devant l'élu
« de Dieu ; c'est qu'on lui montre les prérogatives de
« sa vocation ; c'est qu'on serre sa main, saine ou
« lépreuse, comme celle d'un frère ; c'est qu'on
« s'associe à ses joies, qu'on souffre de ses douleurs,
« qu'on berce son enfance, qu'on instruise sa
« jeunesse, qu'on allège le fardeau de son âge mûr,
« qu'on appuie sa caducité, qu'on illumine sa dernière
« heure, qu'on ensevelisse sa dépouille et qu'on prie
« sur sa tombe ; ce que vous voulez, c'est qu'on
« étanche non seulement les plaies de son corps, mais
« les plaies de son âme, dont les nôtres sont souvent
« le principe, et qu'envenime au moins l'oubli ; c'est
« qu'enfin nous ne désespérions jamais de rendre la
« force aux débiles et l'éclat du jour aux aveugles,
« sachant que Dieu a fait toutes les nations guéris-
« sables : *Sanabiles fecit nationes* [1]. »

Un avocat aussi enflammé de la Conférence de
Saint-Vincent-de-Paul n'était-il pas digne encore
de multiplier, ainsi qu'il l'a fait à l'époque même de

[1] Cartons Lemarchand : Société de Saint-Vincent-de-Paul :
Loterie du 21 avril 1851.

son secrétariat de charité, les allocutions aux distributions de prix ou aux récompenses mensuelles de l'École des Frères [1] ; ou encore de donner à notre Société générale de Secours mutuels le panégyrique de Henri Buch, fondateur de l'ordre des Frères cordonniers [2] ? Et, après tout son rayonnement d'apostolat et de prosélytisme, est-il étonnant que l'homme dont Mgr Freppel a si largement exploité les lumières et les forces ait, en sa qualité de chrétien (car nous sommes ici autorisé à le proclamer), conquis sa haute estime [3] ?

Pendant que ce chrétien, à ce titre-là si compétemment apprécié, là-haut s'abreuve à d'inextinguibles clartés, il nous revient malgré nous en mémoire une sombre réflexion, échappée à Victor Cousin au seuil de cette galerie où il vient de passer en revue quelques-unes des plus brillantes figures du xviie siècle :

« L'oubli va vite dans la famille des hommes ; les « petits fils ont peine à reconnaître les images de « leurs aïeux ; les générations se pressent et se précipitent, chacune occupée d'elle-même et indifférente à celle qui l'a précédée. Quelques grandes « figures surnagent, que la gloire rend toujours

---

[1] Cartons Lemarchand : *Discours pour la distribution des prix des Écoles chrétiennes, passim.* — Cartons de mon père : Correspondance Lemarchand.

[2] *Discours prononcé à la Société générale des Secours mutuels d'Angers, dans la séance du 10 octobre 1853.* (Angers, Pignet, 1852.

[3] Nous nous estimons heureux d'avoir recueilli ce témoignage de la bouche même de Mgr Freppel.

« présentes ; les autres s'effacent, et les portraits
« qui en subsistent, s'ils ne sont accompagnés d'une
« inscription prévoyante, deviennent bientôt d'indé-
« chiffrables hiéroglyphes [1]. »

En sera-t-il ainsi de notre vigoureux et brillant
ami ? Oh ! pour fixer sa mémoire, dira-t-on, au lieu
de rayonner en tous sens, que ne s'est-il concentré
en un monument définitif où il eût donné toute sa
mesure ? Par exemple, après avoir chez nous déterminé le programme des concours littéraires, après
y avoir proclamé les lauréats et consigné leur victoire sous la présidence de Villemain, que n'a-t-il
brigué pour lui-même une récompense académique ?
Certes, l'illustre secrétaire perpétuel, qui l'avait distingué autant ici qu'à la bibliothèque, et dont
Lemarchand avait tant de fois enregistré ici les
encouragements avec ceux de M. de Falloux, eût
bien joyeusement couronné un de ces longs travaux que Lemarchand avait entrepris pour son
propre compte, avant de les passer de guerre lasse
à ses hôtes du Logis-Barrault, aux collaborateurs
de la Revue d'Anjou, ou à nos concurrents de
médailles d'or, à savoir : une biographie du cardinal de Retz, ou du diplomate Hercule de Charnacé,
ou de sainte Marguerite d'Écosse [2]. Au lieu d'un

---

[1] *La Société française au XVIIe siècle*, 4e édition, t. I,
introd., p. 18.

[2] Cartons Lemarchand, *passim* et résidus. — Dossier Edim-
bourg (bibliothécaire d'). — Souvenirs personnels. — Lemarchand avait cependant poussé assez loin ses recherches préparatoires en vue de la biographie de sainte Marguerite
d'Écosse.

de ces durables monuments nous n'apercevons que des soubassements ou des échafaudages. Au lieu d'un livre, ce sont des albums, des comptes rendus et des notices [1]. Et voilà pourquoi, dans le monde scientifique, Lemarchand, malgré sa haute considération intellectuelle, a échappé à tout classement définitif. Il n'y a pas eu chez lui de spécialité, d'érudition centrale. Trop insatiable pour se circonscrire, et ne se pouvant résigner à délimiter ses curiosités cosmopolites qui avec l'âge devenaient des inconstances et des écoles buissonnières, il n'a jeté l'ancre, pour y séjourner à fond, dans aucun domaine. Au lieu de creuser sur place et de pousser son sillon, il s'est promené, je n'oserais pas dire il a vagabondé dans sa sphère. Avec la divergence de ses pistes, en courant toute sa vie à fleur de sol, en passant de plain-pied du dépouillement d'un

---

[1] Et même quelle étoffe d'excellentes notices a passé ainsi en simples consultations ! Ici se place naturellement une lettre de Victor Cousin, en réponse à un envoi de renseignements sur les traces d'un passage de Mme de Chevreuse au château du Verger. « J'ai voulu lire les notes que vous avez « eu la bonté de m'adresser avant de vous faire mes remer- « ciements. Je vous les fais aujourd'hui en pleine connais- « sance de cause. Vos recherches sur le Verger sont trop pré- « cieuses pour que vous n'en fassiez pas usage en public. « Avec un peu de toilette elles feraient un agréable article « de la *Revue d'Anjou*. Malheureusement pour moi, Mme de « Chevreuse y paraît peu, mais je ne désespère pas de trouver « par vos excellents yeux, dans le fond de votre bibliothèque, « quelques renseignements nouveaux sur cette intrépide « amie de la reine Anne. Venez donc à mon secours, Mon- « sieur, et soyez assez bon pour tirer de votre écrin quelque « petite pierre dont je ferai ma parure. » (Correspondance Lemarchand : dossier Victor Cousin.)

obituaire de l'abbaye de Saint-Serge à l'analyse
d'un poëme thibétain, il est demeuré jusqu'à la fin
le touriste et l'amateur universel.

C'est qu'aussi la science d'un bibliothécaire ne
peut être celle d'un membre de l'Institut. Un
Gabriel Naudet ou un Francis Weiss, qui embrasse
avec amour sa mission officielle, ne peut devenir
que bien difficilement un Léon Gautier ou un Marc
Latrie, à moins de mener de front la concentration
et la disponibilité. Mais autre chose est de créer et
d'organiser une bibliothèque, et puis de s'y offrir à
tout venant comme un fil d'Ariane, autre chose est
de l'exploiter pour soi-même avec suite, en s'y
confinant dans d'immuables perspectives. A peine
en effet y avez-vous rattaché autour d'un sujet domi-
nant quelques couches concentriques, qu'une ava-
lanche de travailleurs attente à cette gravitation.
Car ce sont autant de prises à partie sur toutes les
régions de la science ; et de suite en vous se déter-
minent autant de noyaux d'information distincts ;
si bien que, d'un rayon à l'autre, et dans un entre-
croisement indéfini de galeries latérales, c'est le
voyage qui jamais ne s'achèvera entre le seuil de
votre cabinet et le bureau du garçon de salle.

Même affranchi de l'irruption du public, le bibliophile ne trouvera-t-il pas dans son opulence même
un danger? En s'attardant dans la contemplation
de sa mappemonde, au lieu de s'y tailler une province, ne risque-t-il pas d'y suivre de fuyants
mirages, ou d'y perdre pied sur des grèves mobiles?
On a remarqué que, de même que bien des écri-
vains furent de mauvais bibliothécaires, en

revanche les grands bibliophiles, même ceux étrangers aux soupçonneuses procrastinations d'un Toussaint Grille, avec leur instrument, et pour ainsi dire leur clavier tout monté, produisent peu. C'est qu'en effet combien peu de ces flâneurs intellectuels sont doués, par exemple, de l'héroïsme du duc d'Aumale, qui s'est interdit de pénétrer, si ce n'est pour une urgente consultation, dans son incomparable bibliothèque, depuis qu'il y a tant perdu d'après-midi à ouvrir et à refermer des éditions princeps[1] ! Et à notre connaissance un beaucoup plus humble travailleur, qu'on plaignait de son éloignement d'une grande bibliothèque où il ne pouvait venir que de loin en loin puiser quelques notes essentielles, se félicitait au contraire de la frugalité d'un régime qui le condamnait à de plus sûres digestions.

Mais à supposer même Lemarchand à l'abri des obsessions du public ou des hallucinations de la bibliomanie, il eût eu encore par un autre endroit ses déperditions et ses fuites. Il s'est extravasé dans les salons. Trop séduisant pour sa persévérance scientifique, et trop disputé pour s'interdire de plaire, il a trop sacrifié à ses félicités d'homme du monde, et n'a su se soustraire aux interruptions du dehors, qui ne le produisaient qu'en le dissipant. Il est vrai qu'en réprimant ses écarts et en se dérobant davantage, il lui eût fallu renoncer à être

---

[1] Nous tenons cette particularité d'un des secrétaires de Mgr le duc d'Aumale, de celui-là même qui nous a si gracieusement fait les honneurs de la Bibliothèque de Chantilly.

un étincelant et inépuisable causeur. En définitive pourquoi substituer un autre Lemarchand à celui qu'avait fait la nature, et dont la société s'est si bien trouvée ? Esclave d'une pensée unique, il n'eût plus eu autant ses coudées franches, il n'eût pu se livrer à tous ses souffles et suivre toutes ses pentes, il n'eût pas appartenu à toute la veine du jour et de l'heure ; et de loin en loin il n'eût pu que rapidement traverser nos salons en plissant le front. Attelé à ce grand livre qui, j'en conviens, a avorté dans ses dispersions quotidiennes, on ne l'eût plus vu à toute heure aux ordres de ses mille facultés ; il en eût eu l'économie plus que la dépense et le plaisir. Il n'eût pas non plus, aussi largement qu'il l'a fait, appris de tout bord et reçu de toutes mains, sauf à tout reverser en ceux qui aujourd'hui le pleurent, ou qui en lui survivant l'eussent pleuré. En vivant moins pour eux et davantage pour la postérité, il leur eût été moins cher, et peut-être moins digne de l'être ; et certainement ç'eût été un moins inoubliable ami

En lui reprochant littérairement de n'avoir pas été tant soit peu égoïste, gardons-nous nous-mêmes d'être ingrats. En créant davantage il eût moins fécondé. Grâce à sa diffusion même quel versement de lumières, quelle propagation de principes, que de semences de vie, quelle fomentation de germes ! Tout ce qui, depuis presque un demi-siècle, dans notre Athènes angevine a fleuri et fructifié, le lui doit plus ou moins. En y captant toute une génération d'élite, il l'a façonnée, aguérie et développée. Et dites-moi si cela ne vaut pas un beau livre !

Au lieu d'un livre, il a organisé cette vaste bibliothèque éclairée encore, ce me semble, d'un sourire de Villemain, et où se pénètre de ses traditions un si distingué successeur. Par cet enfantement où il a laissé sa vie, Lemarchand s'est rangé parmi les grands classificateurs angevins qui ont mérité de se survivre dans notre reconnaissance: les Marchegay, les Grille, les Claude Ménard, les Merlet de la Boulaye, les Guépin. La bibliothèque, voilà son monument! Aussi aimerions-nous à y voir son effigie reluire en l'une des planches de cuivre du *Peplus andegavensis*: et au péristyle nous reporterions cette épigraphe, inscrite par l'amitié en tête du Catalogue des manuscrits: *Monumentum haud quidem spernendum* [1].

---

[1] Epigraphe du *Catalogue*, etc., par V. Pavie.

DÉSACIDIFIÉ A SABLÉ
EN : 6 DEC. 1991

ANGERS, IMPRIMERIE LACHÈSE ET DOLBEAU.

www.ingramcontent.com/pod-product-compliance
Lightning Source LLC
LaVergne TN
LVHW020652200726
843508LV00002B/729

9 782329 796390